后浪出版公司

Deconstruct Your Business to Develop More

规　则
颠覆者

[日] 内田和成 编著

宋晓煜 译

如何赢得用户，占领市场

江西人民出版社
Jiangxi People's Publishing House
全国百佳出版社

前　言

当今时代，有些行业逐渐消亡，有些行业和其他行业融为一体。这样的现象比比皆是。

你敢保证你所从事的行业未来仍能保持现在的形态吗？

在拙著《跨行业竞争策略》[①]中，笔者曾经发出过上述警告。该书还指出，随着市场逐渐走向成熟，越来越多的企业不得不和销售渠道、成本结构、技术优势、行业模式以及品牌形象截然不同的竞争对手展开商战。跨行业竞争要求企业必须跨过行业界线争夺顾客。身处跨行业竞争之中，你不知道哪里会突然冒出新的竞争对手。

而且，跨行业竞争无法用传统的竞争策略来解释。因为那些竞争策略都以"同行业竞争"为前提，解读的是同一个行业里的原有企业与行业新手、客户企业之间的角力关系。

如今，跨行业竞争日益激化。本书聚焦那些改变竞争规则的企业，

---

① 指内田和成的《異業種競争戦略——ビジネスモデルの破壊と創造》一书，日本经济新闻出版社2009年出版。——译者注（后文如未特别注明，均为译者注）

并把这些企业称为"规则颠覆者"（game changer）。本书的主要目的就是分析规则颠覆者。

云服务行业的价格崩塌

截至2015年1月，亚马逊公司是全球最大的服务器租赁供应商。该公司推出的亚马逊网络服务系统（Amazon Web Services，简称AWS）在云服务领域占据全球最大的市场份额。现在，谷歌公司正在奋起直追，微软公司最近也开始大力发展同类业务。

过去，经营服务器租赁业务的主要公司是IBM、惠普等硬件生产厂家。风云变幻，为何不过短短几年，行业巨头就变成了其他公司？

原因在于，亚马逊和谷歌开始向用户出租自己在全球范围内运营的数据中心和服务器。

亚马逊和谷歌原本就拥有大量设备，如今只是把其中的一部分出租给中小企业。因此它们不是从零开始投资这项业务，而是充分享受设备投资的规模优势，把现有资源租借给其他企业。此外，外租业务还能够均衡市场需求，提高服务器的使用效率。因此，亚马逊选择充分利用自身优势，以极为低廉的价格提供云服务。该服务满足了中小企业的需求，亚马逊公司的市场占有率迅速上升。

因为是把闲置设备加以有效利用，所以价位能够定得很低。亚马逊通过一步一步地积累业绩，最终成功获得了大企业的信赖。如今，日本移动通信企业NTT DOCOMO和索尼银行（Sony Bank）也已经成为亚马逊的客户。

　　然而对于硬件生产厂家等原有企业来说，亚马逊等公司的行为无疑是在"扰乱市场价格"。并且，与亚马逊不同，硬件生产厂家本身不具备庞大的数据中心。它们没法像亚马逊一样低价出租服务器，因此苦于没有应对的良方。

　　硬件生产厂家过去通过出租服务器获得了丰厚的利润。然而当来自其他行业的价格破坏者出现在服务器租用行业里时，竞争规则发生了彻底的改变。

颠覆常识的自动化仓库

　　不仅如此，亚马逊在仓库管理方面也建立了崭新的机制。该公司没有采用"固定位置存放商品"的思路，而是建造了前所未有的新型自动化仓库。

　　"固定位置存放商品"是指把仓库分区，明确规定哪些区域保管哪类商品。为了能在仓库中尽快找到需要的商品，人们需要提前规定好区域，每个区域摆放相似类型的商品，方便日后查询及提货。

　　然而亚马逊的自动仓库完全没有采用这种管理方式。有时，同种商品甚至会摆放在不同位置。仓库也没有为了便于提货而把相似类型的商品放在同一区域。

　　亚马逊仓库实现了自动化，完全由电脑和机器人操作。即使同种商品摆放在不同的位置，机器人也能自动集齐、及时出货。

这种管理方式彻底颠覆了传统仓储业的常识。这种方式不需要熟练工人，谁都可以从事仓库的管理工作。

此外，亚马逊充分利用自动化仓库的优势，已经开始提供服务，承接其他公司的仓管、接单、配送等业务。未来说不定会像前文提到的云服务一样，彻底破坏传统物流业和仓储业的竞争规则。

创造新的成功模式

如上所述，跨行业竞争让人无法预测对手会用哪种方式来进攻。一旦新的战术破坏了竞争规则，企业原有的成功模式就会轻易被击溃。

不过，如果站在进攻者的一方，创造新型成功模式就可以从开发新业务及改革创新的视点出发。在意欲扩大公司业务的人眼中，眼前的商战本身就意味着机遇。

另一方面，对防守方的原有企业来说，首先应该了解会有什么样的竞争对手，挑起了什么样的竞争，然后才能选择相应的对抗策略。本书不仅关注进攻方的竞争方式，而且也关注防守方，即原有企业的对抗策略。

如果您想让事业更上一层楼，构筑出更加稳固的商业模式，欢迎参考本书提供的信息。

内田和成

2015年1月

目　录

第 6 章　原有企业的对抗方法　131

第1章

新战局的开端

不断激化的跨行业竞争

平台、对手、规则——竞争格局的变化

任天堂的没落

任天堂曾在2007年和2008年连续两次被评为全日本最优秀企业（日本经济新闻社优秀企业排行榜）。从当时的业绩来看，任天堂确实是当之无愧的"日本第一"。2007年度，任天堂销售额为16 700亿日元，营业利润为4 870亿日元。2008年度，销售额增至18 400亿日元，营业利润高达5 550亿日元。

然而，在2008年业绩达到历史最高点之后，仅仅过了三年时间，2011年度任天堂的销售额骤减至6 500亿日元，转而陷入营业赤字的困境。更为遗憾的是，之后连续三个财政年度，任天堂都未能扭转赤字，当年的游戏行业巨头已经风光不再。

短短几年间为什么会发生如此巨大的变化？任天堂的没落并非由于游戏机开发方面的失败，也不是因为玩游戏的人数急剧减少。恰恰相反，放眼望去会发现喜欢玩游戏的人越来越多。只要去外面转一转，

电车中、站台上、咖啡店、学校里，甚至有时在工作场所都能看到人们在玩游戏。热衷于玩游戏的人实际上正在增多。

然而，用专用游戏机玩游戏的人数确实减少了。越来越多的人开始使用功能手机或智能手机玩游戏。

在这股潮流当中，任天堂错失先机，以致销售额大幅下降。其实，任天堂并非没有注意到这个时代的变化。然而他们虽然注意到了，却未能面对市场竞争规则的改变做出恰当的反应。

网上买鞋？

美国有个成功的购物网站，叫作美捷步（Zappos）。美捷步是一家通过互联网销售鞋子的公司。

过去人们普遍认为，鞋子必须亲自试穿才能知道是否合脚和美观。和服装不同，鞋子一直被人们认为"不适合网购"。对消费者而言，收到的鞋子常常与网上看到的图片有偏差，尺码也常常不合适，考虑到退换货时的麻烦，大多数人宁愿选择在实体店试穿并购买。

那么，美捷步为何能够经营得如此红火呢？

"随便退货"并且"免邮费退货"是该公司重点宣传的特色。如此一来，消费者就可以在自己家里多次"试穿"，直到找到心仪的鞋子。而且消费者也可以一次订购多双鞋子，从中选出最喜欢的一双购买，剩下的鞋子退货即可。美捷步改变了过去只能在实体店试穿鞋子的情况，因而受到消费者的青睐，取得了成功。

此外，美国疆域辽阔，快递物流方面不像日本这样发达，一般快递需要好几天才能送达。美捷步则在物流系统方面下大力气，两到三天就能送货上门，这也给消费者带来了惊喜。

美捷步打破了"鞋子不适合网购"的定论，获得了广泛赞誉。不过，似乎由于物流成本增多、与其他网上商家展开价格战等原因，美捷步很难盈利，现在已被亚马逊公司收购，成为其子公司。

网上销售高档时装

日本也有销售时装获得成功的网站，例如Start Today公司经营的"走走城"（ZOZOTOWN）。

一直以来，在时装行业，越是知名的品牌，越重视其品牌形象，因而也更重视让客人到专卖店里购买，不在品牌官网以外的网站销售服装。而且消费者也普遍认为，"价格便宜的商品以及穿在里面的内衣等可以在网上选购，但是做工考究的时装相应地价格也比较贵，就不太想在网上购买。"

然而走走城却选择了与传统网上商城截然不同的策略。走走城专门销售高档的商品，价格也比较贵，网站页面也设计得更精致，专门以时尚需求更高的消费者作为目标群体。BEAMS和UNITED ARROWS等概念专营店是在实体店陈列很多知名品牌的商品，而走走城则是在网络上创办了大型的概念专营商城。

如此一来，虽然走走城具有不能实际看到实物和不能试穿的缺点，但由于该网站销售的多是知名品牌，消费者了解这些品牌服装的尺码、风格乃至上身效果，因此即使在网上也可以放心地购买。

另一方面，许多消费者喜欢购买时尚杂志上刊登的最新时装，走走城几乎就可以把时尚杂志当作本公司的商品目录一样来利用。

对时装品牌来说，因为走走城能比自己的品牌官网吸引更多的顾客，两者目前还是相互合作的关系。

展厅现象

在走走城的案例中，电商网站与实体店是合作关系。不过在有的行业，电商网站却威胁着实体店的经营，是令实体店颇为头痛的存在。

例如在过去，消费者要想低价购买家电，会去"山田电器"（Yamada Denki）或"必酷"（Bic Camera）等家电量贩店。因为这些量贩店种类齐全，价格也比家电商店或者超市便宜很多。

然而，最近越来越多的用户会选择到亚马逊等电商网站购买家电产品。因为电商网站比家电量贩店还要便宜。当然，诸如电冰箱、洗衣机、空调等需要专业人员安装的家电，消费者仍然会去家电量贩店购买。但电视机、摄像机等影音电器以及笔记本电脑等产品的网上购买者则迅速增加。

此外，虽然是在网上购买，但消费者并非一开始就直接到电商网站下单。更多消费者会先在价格比较网站进行查询，确定"某件商品在什么地方卖多少钱"，然后再去选好的店里购买。有的人会直接奔赴价格最便宜的地方，也有的人会在自己熟悉的几家当中选择较便宜的商店。

由于网上无法接触实物，有的消费者会先去家电量贩店实际确认，然后再到网站购买。还有的消费者与之相反，他们先在家电量贩店找到喜欢的商品，然后再回家上网查询购买的价格。这类消费者也在不断增多。

这种将家电量贩店等实体店作为"样品展示厅"，仅用来挑选、确认商品，而实际购买却在网上进行的情况叫作"展厅现象"。

对实体店而言，租赁店铺、管理库存、雇佣店员等都需要成本，而这些经营资源都被"展厅现象"无偿利用，实在是令人头疼。目前为止，实体店尚未找到有效的对抗手段来抵抗电商网站的侵袭。

B2B竞争规则的改变

电装公司将成为"汽车行业的英特尔"

前面介绍了B2C（Business-to-Customer，企业与消费者之间的交易）的案例。其实B2B（Business-to-Business，企业与企业之间的交易）也发生了竞争规则的改变。

例如，丰田和日产位于日本汽车行业最顶端，在全球范围内，则是大众和通用等位居汽车行业之巅，汽车零部件生产厂家都是从属于汽车公司的存在。

特别是在日本，每个汽车公司都有属于自己派系的零部件生产厂家，零部件生产厂家下面还有次级零部件生产厂家。例如，丰田汽车公司并不自己生产零部件，而是从本派系的零部件生产厂家，即电装、爱信精机、丰田合成等厂家采购汽车的空调、座椅、仪表盘、变速箱等零件，然后组装成整车。

这些零部件生产厂家下面还有次级的零部件生产厂家以及原材料厂家等，各种级别的工厂形成了庞大的产业金字塔。零部件生产厂家对各自产品的品质和成本负责，按照及时化生产（JIT, Just In Time）的方式将必要的零件在必要的时间送达生产线，支撑起丰田的高效生产体系，保证了丰田汽车的品质、成本以及高效率的经营方式。

汽车行业的产业结构一直维持得十分稳固，然而最近在这个行业也发生了巨大的变化。

德国汽车零部件生产厂家博世公司就是其中的一例。该公司不是为特定的某家汽车公司提供零部件，而是通过向所有汽车公司提供零部件，力图成为行业的霸主。例如柴油车的燃料喷射装置这种重要零件，几乎绝大多数都是由博世公司生产的。除了日本汽车之外，据说国外的汽车公司没有博世公司的燃料喷射装置就无法生产柴油汽车。

如此看来，博世公司简直相当于电脑行业的英特尔公司。作为汽车零部件生产厂家，在规模上暂且不论，在利润上，博世公司今后很有可能会超过整车公司。

当然，丰田子公司电装公司也具有不逊于博世公司的技术实力。假如脱离丰田的掌控，作为独立的汽车零部件生产厂家开展业务，电装公司说不定也能成为"汽车行业的英特尔"。

但这样一来，就意味着一直君临汽车行业的汽车整车公司将要走下神坛，成为普通的汽车组装公司。对此，丰田公司也是左右为难。

松下问鼎汽车行业？

另一方面，在汽车行业，随着电动汽车的出现，竞争格局还将发生更大的变化。

一直以来，汽油车、柴油车、混合动力车构筑起并维持着汽车行业的平衡格局。而电动汽车的出现或许会打破这个平衡，改变汽车行业的竞争规则。

例如，在目前这种紧密的产业金字塔内部，存在一种产业结构，即依靠零部件之间的磨合技术就能够制造高品质的汽车，这使得利用市面上现有的通用零部件来组装电动汽车成为可能。

截至2014年，日产是世界上生产电动汽车数量最多的公司，而美国的风险企业特斯拉公司则占据着最大的市场销售份额。电动汽车的核心零部件是电池和发动机，特斯拉公司并未单独设计开发这两个零部件，而是直接利用了现有技术。

核心零部件当中，电池是左右电动汽车价格和性能的关键。目前，电动汽车价格中有一多半是电池的价格，而其性能还远远不能尽如人意，续航里程目前只能达到200～400千米。此外，不同于普通汽车的加油，电动汽车充电需要很长时间，无法在所到之处随意充电。

尽管如此，被特斯拉选定为电池供货商的松下公司仍然可以扬眉吐气了。松下公司为特斯拉提供的是锂离子电池。锂电池在家用电器、相机、笔记本电脑等电器中早已得到了广泛的应用。用于电动汽车的锂电池就是比5号电池稍大一点的普通电池。一辆特斯拉电动汽车要使用几千节锂电池，这些电池被串联或并联起来，实现高电压和大容量。

假如有一天电动汽车成为汽车市场的主流产品，松下公司就很有可能会像电脑行业的英特尔和自行车行业的禧玛诺（SHIMANO）一样，成为主导汽车行业的存在。

市场调查的变化

企业为了开发新产品打算进行问卷调查时，会向市场调查公司求助。在B2B领域，市场调查行业的竞争格局也发生了巨大的变化。

在过去，若要以消费者为对象开展市场调查，一般要雇佣调查公司进行认真的准备，需要投入大量的预算。具体而言，在调查之前首先要通过开会讨论制作问卷或决定访谈项目，然后把数千份问卷分发出去或者通过电话向消费者逐一提问。也就是所谓的人海战术。即使是很简单的问卷调查，也需消耗大量的人力物力，据说平均每一个调查对象所需要的成本约为1万日元。一项大规模调查往往需要数千万日元。

可是，随着互联网的兴起，市场调查发生了很大改变。最初还有人认为，互联网的使用人数太少，不适合以家庭主妇或者老年人为对象的调查。然而在已经进入全民上网时代的如今，基本上不论哪个领域都可以利用网络展开调查。

变化最大的当属成本。把市场调查所需成本降至过去的十分之一并非痴人说梦。因此，调查的使用方式也发生了改变。比如，事先不必做好万全的准备，可以先做简单的调查进行尝试。如果简单调查就能达到目的，工作的进度就可以大幅加快。反过来也可以在尝试简单调查后进行更加详细的调查，或者在正式调查中加入新的视角等。

日本的市场调查行业当中，明路公司（MACROMILL）可谓新贵。近年来明路公司发展很快，甚至收购了日本电通集团旗下的电通市场调查公司，具有较大影响力。

新竞争的兴起

用"业务链"解读跨行业竞争

随着其他行业企业的加入、风险企业的兴起，过去被认为理所当然的商业模式行不通了，新的竞争正在酝酿当中。许多企业由于无法应对这种变化，被市场淘汰。原有企业又该如何防御、进而赢得竞争？

笔者曾在2009年出版的《跨行业竞争策略》中介绍过图1-1，提醒人们不仅要看到企业内部的"价值链"（value chain），还应看到把相关企业也涵盖在内的更大的链条，以便准确把握竞争格局的新动态。笔者把这种更大的链条称为"业务链"（business chain）。

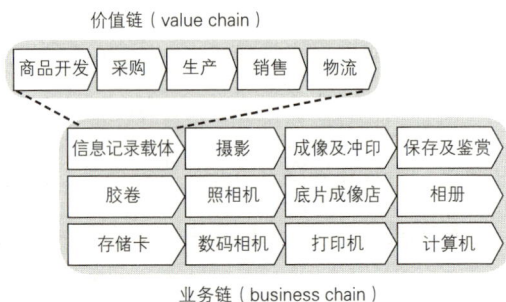

图1-1　价值链与业务链

让我们来看一下发生在相机及胶卷行业的跨行业竞争（图1-2）。

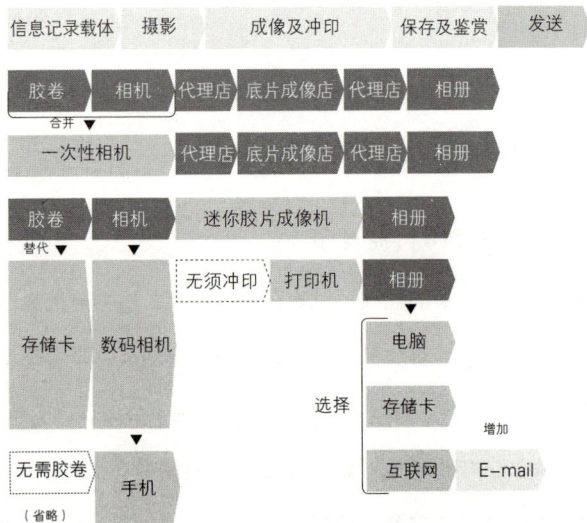

图1-2　相机、胶卷行业发生的变化

在过去，与照片相关的行业包括制造和销售胶卷的胶卷生产厂家、制造和销售相机的相机生产厂家、显影及冲印商店以及用于整理和保存照片的相册生产厂家等。各个环节分工明确、各司其职。行业之间是合作关系而非竞争关系。

然而，随着技术的不断进步，这条业务链发生了天翻地覆的变化。例如，胶卷生产厂家推出的一次性相机侵蚀了相机市场。接下来，迷你胶片成像机登场，在街头的照片冲印店就能洗出照片，抢走了底片成像店的生意。

其后，数码相机的发明为照片行业带来了划时代的变化。数码相机无须使用胶卷，直接导致柯达破产，柯尼卡（即现在的柯尼卡美能达公司）①退出相机行业。由电器厂家生产的数码相机取代光学相机成为主流。

不仅如此，随着廉价打印机的出现，人们在家里就能轻松地打印照片。而且数码相机拍摄的照片可以直接存储，不再需要全部打印出来。再后来，把照片上传到网络与亲朋好友一起欣赏成为潮流，功能手机和智能手机的照片上传功能自然受到人们青睐。

智能手机的相机功能给数码相机带来了致命的最后一击。许多智能手机的拍摄效果已经超过普通数码相机，大街上用数码相机拍照的

---

① 柯尼卡公司（KONICA）：日本相机、胶片生产厂家。2003年与日本美能达（Minolta）公司合并，改名为柯尼卡美能达（KONICA MINOLTA）。2006年，柯尼卡美能达退出相机胶片生产和销售行业。

人也越来越少了。

规则颠覆者的四种类型

跨行业竞争带来崭新的产品或服务，对消费者而言当然是值得欢迎的好事。可是，这个堪称"长江后浪推前浪"的时代带给原有企业的却是随时随刻的威胁。过去只需在行业内部与熟悉的对手竞争，现在却变成了令人防不胜防的跨行业竞争。对企业来说，跨行业竞争的兴起导致竞争格局发生了以下几种改变。

- 竞争平台的改变
- 竞争对手的改变
- 竞争规则的改变

本书把为现有行业带来新的竞争规则的企业称为"规则颠覆者"。

首先，让我们来看看规则颠覆者有几种类型。正如前面介绍的，新对手、新业务，乃至新的商业模式正层出不穷。

图1-3总结了竞争规则的四种改变类型。横轴关注的是，企业是提供了新的产品或服务，还是在现有产品或服务的基础上发展而来。纵轴关注的是，企业是在行业现有盈利模式的基础上经营，还是创造了新的盈利模式。

	现有产品或服务	新的产品或服务
现有盈利模式	**流程改革型** 重新研究现有价值链 · 亚马逊 ·7-11咖啡 · 走走城	**市场创造型** 实现顾客尚未发现的市场价值 · 睛姿电脑护目镜（JINS PC） · 东进补习学校 · 青山花卉市场
新的盈利模式	**秩序破坏型** 瓦解现有盈利模式 · 智能手机游戏 · Livesense · 好市多量贩店	**业务创造型** 发挥想象力和创造力 · 价格.com网站 · Oculus Rift · 汽车共享

图1-3　“规则颠覆者”（game changer）的四种类型

按照图1-3，可以把改变竞争规则的规则颠覆者分为以下四种类型。下文将以此图为基础展开讨论。

- 流程改革型（arranger）
- 秩序破坏型（breaker）
- 市场创造型（creator）
- 业务创造型（developer）

是否提供新的产品或服务

那么再详细探讨一下图1-3。横轴关注的是企业是否创造出了其他企业未曾提供过的新的产品或服务。

只把现有的产品和服务稍作改变不能算作新的产品或服务。本书所说的新的产品或服务，是指能够创造新的消费需求和市场的全新事物。例如，电脑和手机的出现就属于前所未有的新的产品或服务。再比如电子书和电动汽车，虽然功能和价值与以往的图书和汽车很相似，但这种产品或服务却是通过截然不同的方式实现的，因此也属于新的产品或服务。

位于图1-3右侧的企业试图通过提供新的产品或服务来改变市场竞争规则。这类企业创造了新的市场需求。有时新市场和原有企业所占据的现有市场并不重合，因此不会发生直接的竞争关系（就算有竞争，也不会对原有企业产生太大影响）。然而当新市场发展到把现有市场取而代之的程度时，就会对原有企业产生极大的威胁。

位于图1-3左侧的企业并没有创造新市场，而是在现有市场展开商战。这些企业虽然提供的是现有的产品或服务，但他们通过改变成本结构、附加服务、业务流程、盈利模式来改变竞争规则。例如，QB HOUSE连锁理发店的10分钟低价理发服务和前文介绍的手机游戏等都是在现有市场改变了竞争规则。

虽然产品和服务都是原有的，但是这些企业开创了与过去不同的提供方式，因而取得了成功。对原有企业而言，这相当于否定了其产品或服务，规则颠覆者越是发展壮大，就越构成威胁。

是否创造了新的盈利模式

纵轴关注的是行业中是否创造出了新的盈利模式。

位于表格下半部分的企业都是通过创造新型盈利模式来改变市场竞争规则的。例如，曾经红火一时的唱片出租店就属于此类，它颠覆了过去不买唱片就没法听音乐的常识，引进了"出租"的新型盈利模式。

音乐行业后来又出现了新的商业模式，例如iTunes①提供了在线付费下载音乐的服务方式，Spotify②则只需每月支付固定费用即可不限量收听音乐。此外，手机游戏及地图定位等原本需要付费才能使用的服务，如今大多变为免费，服务提供者转而通过其他渠道获得收益，这种做法也属于新型盈利模式的创造。

当市场确立了新型盈利模式之后，原有企业的现有盈利模式就会变得难以为继。

当然，也有不改变盈利模式进行商战的方法，例如位于表格上半部分的企业。本章开头介绍的美捷步、走走城，以及下文将介绍的7–11咖啡（7–11公司开发的自助式咖啡）等都属于这个类型。

接下来依次介绍图1–3中列举的四种规则颠覆者即秩序破坏型、市场创造型、业务创造型、流程改革型的具体案例，然后在第2章至第5章详细分析他们各自的竞争策略，最后在第6章聚焦那些受到挑战的原有企业，看看他们如何重置竞争规则、保护现有业务。

---

① iTunes是一款媒体播放应用程序，2001年由苹果电脑公司（Apple Computer，2007年该公司更名为苹果公司）推出。

② Spotify是目前全球最大的正版流行音乐服务平台，2006年始创于瑞典，2008年开始提供服务。2015年6月，Spotify用户达到7 500万人以上。

规则颠覆者的四种类型

秩序破坏型（breaker）

秩序破坏型是原有企业最难对付的竞争对手。因为秩序破坏型在产品或服务方面与自己几乎没有什么不同，却开创了截然不同的盈利模式。新型盈利模式一旦受到消费者的青睐，就会把原有企业逼到绝境。

手机游戏

过去，如果外出时也想随时随地玩游戏，除了购买任天堂DS、索尼PSP等游戏机以外别无他法。然而最近，使用智能手机即可轻松玩游戏。

此外，购买游戏机的配套软件往往需要花费数千日元，而手机游戏则多为免费，或者仅需100～300日元。消费者不必随身携带游戏机，用手机就可以免费或者只花很少的钱玩游戏。

过去的游戏行业虽然有硬件和软件两个收益渠道，然而实际上硬件基本没有利润，主要依靠配套软件的销售来获取利润。

可是现在，用智能手机玩游戏不再需要其他硬件设施。虽然软件的开发需要经费，但开发之后只需要在网上发放即可。数码产品开发出来之后基本上就不再需要追加制造成本，因此就算免费发放也几乎不会产生额外的成本。

那么手机游戏是如何实现盈利的呢？它们主要通过广告和游戏装备等获利。在游戏画面上添加广告，向广告主收取广告费，这种盈利模式与电视广告相同。广告主希望尽可能多的人能够看到广告，免费游戏则更能吸纳用户群，在免费游戏中发布广告的效果会更好。

游戏装备的盈利属于"免费增值"（freemium）模式。能够在网上销售和发放的数码产品在开发成功以后所需追加的制造成本微乎其微。假设100名免费用户当中，大约有5名用户因为各种理由付费升级为VIP用户——例如想通过购入装备来增加获胜概率，或是想要享有优先获取入场券的权限等。据说这些收益就足以收回软件开发的成本了。

在消费者看来，这当然是有百利而无一害的事情。然而对于原有企业而言，不仅过去的竞争规则遭到了规则颠覆者的破坏，而且要想反击，就必须打破自己现有的盈利模式，这令原有企业进退两难。任天堂的没落就反映了这种困境。

Livesense

Livesense公司运营的兼职介绍网站Jobsense看似和其他网站没有什么不同，都是在网上发布招聘广告，让求职者应聘。然而实际上该网站却与其他兼职介绍网站存在很大的差异。

一直以来，企业招聘人才，需要先支付费用，请兼职介绍网站在一定期间内持续发布招聘广告。然而，假如这一期间无人应聘，或者企业没有招到合适的人选，这笔广告费就白白浪费了。

对此，Jobsense采取了截然不同的成功付费模式。企业无须预先支付费用，可以在招聘到合适的人才以后再付款。对于中小企业或者不经常招聘的企业来说，这是一种非常划算的方式。

可是成功付费模式也存在一个问题，就是假如企业顺利招到人选却不把结果告知网站，网站就无法收取费用。为了防止出现这种情况，Jobsense采取了赠送贺礼的方法，如果有人通过Jobsense成功找到兼职工作，就可以从该网站领取祝贺的礼金。如此一来，无须企业通知，应聘者自会主动联系网站。

同样是兼职介绍网站，Recruit公司的TOWNWORK等原有网站因为已经构筑了强大的营业部门，并且拥有许多预先付费的客户，所以反而很难采取和Jobsense同样的策略。

通过导入新型盈利模式，Jobsense迅速得到发展。但是Jobsense后来也遇到了一些问题。例如使用搜索引擎查询"兼职"等关键词时，Jobsense的网页不会被显示在最前边，这直接影响了网站的运营。虽然Jobsense的发展速度已经大不如前，但是应该看到它为招聘行业带来了全新的盈利模式。

好市多

连锁会员制仓储量贩店好市多（Costco）是一家被称为"会员制批发店"的折扣店，只有会员才能在这里购物。虽然会费高达每年4 000日元，但却很受消费者欢迎，截至2014年12月，好市多已经在日本发展了21家连锁店。

好市多的特点是，就像一个巨大的仓库，摆放着的几乎都是成箱的商品。在这里，很少会看到店员的身影。商品多以较大包装作为销售单位。例如，披萨的饼底是一打一打地卖，矿泉水是两箱两箱地卖。连面包也是以打为单位，普通的家庭根本吃不完。这是因为好市多最早是面向商业客户开办的，因此要求顾客必须成为会员，加入会员后可以按照批发价而非零售价购买商品。

在日本，不仅商业客户愿意在此进货，因其低廉的价格和美国式的店铺及商品陈列风格，以家庭主妇、年轻人为首的众多普通顾客也被吸引了过来。

好市多的利润并非只有商品毛利（商品售价减去进价后的余额）。事实上，其大部分的利润是会费收入。根据该公司财务报表，可知销售总利润约占全部销售额的10%，这笔利润与管理成本基本持平，几乎没有盈利。而与营业利润大致相等的会费收入才是好市多的利润源泉。因此，其他不实行会员制的折扣店很难和好市多开展价格战。

秩序破坏型企业成功的关键有如下两点：①就算产品和服务与竞争对手相同，也能通过导入新型盈利模式产生新的价值；②新型盈利模式不仅让原有企业难以维持旧有的盈利模式，而且其本身就可以构成壁垒，让原有企业想模仿也很难模仿。对于原有企业而言，秩序破坏型企业实在是非常棘手的竞争对手。

市场创造型（creator）

盈利模式没有改变，但能提供新的产品或服务，这类企业属于市场创造型。他们不侵蚀现有市场，而是创造出前所未有的新市场，所以对原有企业来说没有那么可恨。不过，当新市场逐渐开始替代现有市场时，市场创造型企业就会变成不太好对付的竞争对手。

睛姿电脑护目镜

过去，眼镜是用来"矫正视力"的。睛姿①电脑护目镜（JINS PC）颠覆了这个常识，提出了"保护眼睛"的新概念。睛姿电脑护目镜可以削减电脑等屏幕发出的有害光线（蓝光），有效缓解电脑使用者的眼部疲劳。以上述功能作为卖点，睛姿电脑护目镜自发售以来迅速成为热销商品，两年就卖出300万副。通过从眼镜这一现有产品中开发出新的用途，睛姿电脑护目镜成功创造了新的市场，其盈利模式则与原有企业相同。

东进补习学校

补习学校以前多在大城市附近开办。补习学校是现场教学，教室往往很大，听课人数也非常多，走的是规模型经营路线。因为这个缘故，地方城市的应届生们很难有机会听课。自然而然地，补习学校的学生以大城市的落榜补习生为主。例如，被誉为日本三大补习学校的骏台补习学校、河合塾补习班、代代木教室就是典型的传统补习学校。

---

① 睛姿（JINS）眼镜连锁店由上市公司JIN运营。该公司总部分别位于日本群马县前桥市和东京都千代田区。截至2015年3月末，睛姿眼镜连锁店在日本已有281家分店，在中国设有48家分店，在美国也设有分店。

与此相反，东进补习学校不只是在大城市开办，还在不少地方城市也开展补习业务。该补习学校采用的是远程教学的形式，学生可以按照自己的需要选择合适的时间听课。这种模式使东进补习学校得到迅速发展，吸引了那些想要兼顾社团活动与学业的在校应届生和地方城市的考生，开拓了新的市场。

录制教学视频并采用远程教学的方式节约了大量人力，只要把视频录制完成即可多次播放。东进补习学校通过这种方法得到了迅速发展。至于盈利模式则与其他补习学校相同，都是采用收取学费的方式。

青山花卉市场

在过去，人们购买鲜花的情况并不多。除了婚丧嫁娶及互赠礼品时购买鲜花，人们往往只在生日、结婚纪念日等较为重要的日子需要鲜花。这就是所谓的目的性购买。因为这个缘故，鲜花店不是必须要选在闹市区经营。消费者如果需要鲜花，会特意去鲜花店里购买。

针对这种情况，青山花卉市场提出了截然不同的理念。该店旨在让鲜花走入人们的日常生活，因此大幅度降低花卉的价格，吸引消费者更轻松随意地购买。并且，他们没有因为卖得便宜而降低鲜花的质量，进货价格并不低廉。

可是这样做的话毛利就会减少。要想获得利润就必须大量销售，实现薄利多销。因此，与其他花店不同，青山花卉市场的店址都选在客流量比较大的车站或闹市区。既然要让鲜花走入人们的日常生活，就得在更容易刺激消费者冲动购买的经常路过的地方开店。

如此一来，无须从其他花店分一杯羹，青山花卉市场成功开辟了新的市场需求。

综观上述案例，表面上市场创造型企业似乎提供的是与原有市场相似的产品或服务，而实际上则是着眼于潜在的消费者需求，开拓了新的市场。市场创造性企业的特征如下：①不改变盈利模式，通过创造新的产品或服务来开拓新市场，从而改变竞争的规则；②其成功关键在于，发现并满足消费者以前未被注意到的需求。

业务创造型（developer）

业务创造型是指通过新的盈利模式来提供前所未有的产品或服务。

价格.com网站

价格网公司运营的"价格.com"网站在日本广受欢迎。使用该网站，消费者可以获取各零售店的价格信息。不论是待在家里还是出门在外，简单操作一下电脑或者手机就能轻松对比各店的价格。并且，从价格.com网站也可以直接跳转到各零售店网站进行购买。对于消费者而言，价格.com已经成为不可或缺的网站。

价格.com网站主要有以下收益来源。一个来源是各零售店向价格.com网站支付的广告费用。还有一个是当消费者经由价格.com网站跳转到各零售店网站时，价格.com收取的手续费。除此以外，企业要想登上价格.com网站的价格比较清单，或是向价格.com网站咨询商品企划建议等，也需支付相应费用。

最近，网购人群的消费模式发生了新的变化。首先在实体店亲眼确认实物，然后在比价网站找出价格最便宜的零售店网站进行购买。这就是所谓的"展厅现象"。把实体店逐渐变为只用来确认实物的样品展示厅，令实体店大为苦恼。

Oculus Rift头戴式虚拟现实显示器

大家是否听说过美国风险企业Oculus VR正在开发的头戴式虚拟现实显示器"Oculus Rift"？这是专门为虚拟现实开发的头戴式显示器，形状与潜水眼镜类似。把它戴在头部会让使用者看到3D立体影像，产生身临其境的感觉。例如，使用者可以通过操作一款过山车软件，感觉自己真的在坐过山车。

其实索尼公司早已开发出了功能类似的产品。那么，Oculus Rift与原有产品有哪些不同呢？

首先，Oculus Rift把产品的完善工作交给了消费者。这种专门用于虚拟现实这个全新领域的产品，应选择哪些应用领域？应开发什么样的对应软件？未知的问题实在太多。索尼选择由生产厂家独自承担所有工作，开发出成品之后再卖给消费者，而Oculus Rift却选择把开发工作直接委托给第三方。

其实也曾经有游戏公司采用过类似的方法，把应用软件的开发委托给第三方。但是，Oculus VR是以每台仅售300美元的超低价格将开发工具销售给有意购买者的。于是，不仅是专业开发人员、企业，就连广大普通用户也纷纷求购，为其开发出了各种各样的应用软件。

通过这种方式，Oculus Rift开拓出一个广阔的市场，不仅出现了诸如运动、娱乐、残疾人体验等多种应用软件，听说甚至还有用户开发出了专用的硬件设备。通过把市场开发委托给用户，Oculus VR公司发现了多个前所未有的市场。

其次，Oculus Rift的盈利模式也很独特。作为风险企业，Oculus VR公司在创业初期资金并不充足。为此，该公司通过被称为"众筹"的方法筹措开发商品的资金，并筹集到比预期更多的资金，因此研发得以顺利开展。接着，如前文所述，他们把尚处于开发过程的半成品以每台300美元的低价对外出售。据说第一版本卖出了6万台，购买者当中不仅有开发人员，还有普通用户。其后，该公司又推出了第二版本，该版本同样是作为开发工具销售的，但实际上已经被视为成品了。

总而言之，该公司把尚未完成的产品大量出售，达到了收回成本的目的。这种商业模式非常特别，恐怕也是只有风险企业才能采取的方式。

汽车共享

在过去，要想开车就得自己买一辆，或者需要时向汽车租赁公司临时租赁。对此，汽车共享提出了不同的概念，通过建立会员组织，许多人可以合用一辆汽车。

　　只要登记一次成为会员，就不再需要每次都办理复杂的手续。并且，用户可以在离住处或工作场所步行只需几分钟的停车场租到汽车，也可以网上提前预约。这是与汽车租赁最大的不同。

　　汽车共享的盈利模式与汽车租赁有些类似，但也有其独特之处。例如，用户每个月需要支付会费，租车时间最短为15分钟（汽车租赁一般以半天或一天为单位）等。因此，汽车共享的费用相对低廉，有时几百日元就能租到汽车。许多人临时出门购物时会选择使用汽车共享而不是出租车。

　　业务创造型的特征如下：①采用崭新的商业模式提供前所未有的产品或服务；②成功的关键在于让幻想变为现实，也就是说，充分发挥想象力和创造力，创造出全新的业务。

　　在不了解市场需求和商业模式的情况下，我们很难做到有计划地创造新业务。有时，是以创业者偶然的灵感作为原动力，随后顺势确立盈利模式。此外，还有些业务创造型企业从技术或方法（点子）出发，随后找到相应的市场（需求）。

流程改革型（arranger）

　　如果产品、服务和盈利模式都没有创新，那该如何改变竞争规则呢？流程改革型通过改造工作流程及现有价值链，向消费者提供新的价值。例如，亚马逊的网上书店和7-11便利店的7-11咖啡等都属于这个类型。

亚马逊网上书店

亚马逊网上书店（此处特指纸质图书，不包括电子书）的出现为我们的生活带来了什么改变？销售的商品和实体书店相同，都是图书或杂志。盈利模式也与实体书店相同，都是通过卖书来获利。可是，亚马逊有一点与实体书店完全不同，那就是作为网上书店，亚马逊让消费者可以随时随地买书。

实体书店受到店铺面积的限制，库存有限，而网上书店则没有这方面的限制。例如亚马逊就号称拥有数百万种库存。不仅如此，消费者还可以使用检索功能轻松找到想要的书。

既然网上购书如此方便，那就无须特意出门买书。并且，应用检索功能查找图书为消费者带来了崭新的消费体验。如此一来，消费者在购书过程中省去了逛书店、查分类、翻书架等过程。

因为拥有以上优势，亚马逊的网上书店迅速得到发展，成为日本销售额最大的书店。不过，从亚马逊的角度来看，虽然网上卖书节省了店铺成本，但保管图书用的仓库以及物流系统等都不可或缺。

7-11咖啡

7-11便利店推出的7-11咖啡得到了广大消费者的青睐。该案例同样属于流程改革型。把钱交给收银员，收银员会给顾客一个纸杯，由顾客自己到咖啡机处接现煮咖啡。

从流程上来看，7-11咖啡与其他咖啡厅及快餐店的不同之处在于顾客自己去接咖啡。因为省掉了店员接咖啡的流程，顾客仅需100日元的超低价格，就可以轻松享受到和咖啡厅一样的味道（品质）。

并且，因为是顾客亲自接咖啡，所以不会降低收银员的工作效率，乃至影响到后面排队的顾客。也就是说，7-11咖啡创造了便利店与顾客的"双赢关系"。

除了亚马逊网上书店和7-11咖啡之外，还有一些案例也属于流程改革型。例如，QB HOUSE连锁理发店去掉了理发以外的诸如洗头、剃须等其他服务，从而节省了时间和成本。该店提供的10分钟低价理发服务获得了消费者的欢迎。此外，Curves女性健身俱乐部因为每次运动只需30分钟，不设置游泳池和淋浴室等多余的设施，因而降低了收费标准。此外，Curves还禁止男性入内，使顾客无须过于在意自己的穿着。上述特色使得Curves女性健身俱乐部受到广大消费者青睐。

流程改革型具有以下特征：①尽管产品或服务与其他企业相同，但是通过改变提供产品或服务的方式创造了新的价值；②成功的关键在于改造现有价值链。

表1-1　各类规则颠覆者的战术特色与成功关键

	战术特色	成功关键
秩序破坏型	就算产品或服务与竞争对手相同，也能通过导入新型盈利模式创造新的价值。	让原有企业难以维持旧有的盈利模式。
市场创造型	不改变盈利模式，通过创造新的产品或服务来开拓新市场，从而改变竞争的规则。	发现并满足消费者未曾注意到的需求。
业务创造型	采用崭新的商业模式提供前所未有的产品或服务。	把想象力和创造力结合起来。
流程改革型	尽管产品或服务与其他企业相同，但是通过改变提供方式创造新的价值。	改造现有价值链。

　　表1-1说明了新的参与者出现在行业之中时所采用的四种竞争类型。如果打算开创新业务，或是在现有行业当中做出创新，也可参照该表格。接下来的章节将具体分析各类规则颠覆者的特征和战术。

　　另一方面，原有企业所在行业出现了新的竞争对手时，同样可以参照该表格判断对方的类型。表1-1可以帮助大家了解对手，或者预测今后可能会出现的竞争。第6章会讨论作为防守方的原有企业应如何抵挡竞争对手的进攻。

第2章

瓦解对手的盈利模式

秩序破坏型

流程改革型 arranger	**市场创造型** creator
秩序破坏型 breaker	**业务创造型** developer

新战术破坏旧秩序

LINE的免费通话——市场出现的新战术

有的企业虽然提供的产品或服务与其他企业没有什么不同，却能够通过向市场导入新的盈利模式来改变竞争的规则，有时甚至会破坏现有的行业秩序。这类企业就是"秩序破坏型"。

产品或服务并未创新，盈利模式却截然不同，这具体到底是什么意思呢？在此以免费聊天软件"LINE"为例，详细介绍秩序破坏型企业的竞争策略。

现在有许多人都使用LINE。LINE特有的"聊天表情贴图"深受好评，吸引了大量用户。该公司宣称，全球有大约4亿人在使用LINE（截至2014年4月）。

如今，LINE给NTT DOCOMO和au等移动通信运营商带来了很大威胁，原因在于LINE用户之间可以互相免费通话。LINE的"免费通话功能"使用的不是收费的电话线路，而是网络线路。只要在办理网络业务时选择上网流量包，规定每个月的流量上限，在流量范围内即可和他人尽情通话，不必额外缴纳费用。也就是说，实际上LINE的通话功能是免费的。

然而，手机上网一般都需要使用移动通信运营商的基础通信设施。LINE等应用软件生产厂家在利用通信运营商的基础上发展起来，却把通话费用变为免费，极大地损害了通信运营商的利益。毕竟，通信运营商投入了巨大成本进行基础设施建设，LINE的免费通话功能无疑随意践踏了通信运营商精心耕耘的田园。

破坏行业秩序的新型盈利模式

那么，LINE是如何盈利的呢？

LINE也有一些收费项目。例如，有的聊天表情贴图需要付费才能使用。此外，LINE推出的游戏当中，有一些可以让玩家事半功倍的装备，其中一部分需要付费购买。也就是说，LINE通过出售贴图、装备等获取利润，而免费通话功能不过是吸引大量用户的手段。

其实，聊天软件和通话服务并非新生事物。然而LINE通过新的盈利模式破坏了整个行业的秩序，给原有企业带来极大威胁。

总而言之，秩序破坏型企业通过带来新型盈利模式，让原有企业难以维持旧有的盈利模式。原有企业很难继续按照以前的模式展开竞争，陷入不利的境地。

2014年7月，NTT DOCOMO等公司推出了在国内不限通话时间和通话对象的手机套餐。过去，通信运营商提供的手机通话套餐设有诸多限制，例如必须是同一家运营商的手机号码、必须是亲属关系等。完全不限制通话时间和通话对象的套餐是第一次推出。由此可见，LINE的免费通话功能所带来的威胁已经不容忽视，促使运营商们下决心采取了这样的应对措施。

在原有运营商眼中，LINE只是众多软件生产厂家中的一个。可是，这个手机软件却创造了全新的竞争规则，让这些行业大佬们都不得不乖乖就范。

手机游戏带来的盈利模式

相似的案例还有在第1章中提到的手机游戏。

说到手机游戏，DeNA公司和GREE网站的游戏曾经都很有名。智能手机游戏中的益智游戏"龙族拼图"（Puzzle & Dragons）也得到了很多好评，开发该游戏的日本GungHo线上娱乐公司近年来得以迅速发展。用手机下载安装游戏软件，只使用一些基础功能不会产生费用。不过，假如想要添置游戏装备（比如获得超强魔法，或是更换豪华服装等），则需要额外付费，这和LINE游戏的盈利模式相同。

如第1章所述，手机游戏为游戏行业带来了新的竞争策略。毕竟，要想使用任天堂DS、索尼PSP等掌上游戏机玩游戏，必须同时购入硬件和软件。而手机游戏则不同，只要有一部手机，就不需要额外费用。

手机游戏带来的新型盈利模式让那些依靠硬件、软件或者授权获取利润的游戏机生产厂家难以维持原来的盈利模式。特别是随着手机用户的不断增多，掌上游戏机的初级玩家们很有可能会持续流失，转而使用手机玩游戏。

秩序破坏型不仅限于IT行业

不仅游戏和IT行业中存在秩序破坏型企业，其他行业也能见到秩序破坏型。例如，以销售速溶咖啡闻名的雀巢公司推出了"雀巢使者"（NESCAFE AMBASSADOR）套餐，让办公室人群能够随时喝到美味的咖啡。该套餐为现有市场带来了新的竞争策略。

只要申请加入"雀巢使者"套餐，雀巢公司就会为办公室安上咖啡机。只要把速溶咖啡粉装好，就可以喝到热腾腾的现煮咖啡。咖啡机是免费的，咖啡粉需要付费。"雀巢使者"套餐通过用户多次购买咖啡粉获得利润。

其实，向办公室人群提供咖啡并非全新理念。不过"雀巢使者"套餐更加别具一格。咖啡机现煮的咖啡比开水冲泡的速溶咖啡更好喝，在办公室煮咖啡又比去咖啡厅买咖啡更为方便实惠。因为这些原因，"雀巢使者"套餐得以迅速推广。

"雀巢使者"套餐的竞争对手包括雀巢等公司出品的速溶咖啡、安装在办公区域的自动售货机，还有办公室附近的便利店和咖啡厅的咖啡等。然而"雀巢使者"套餐的竞争策略极为独特，竞争对手很难找到有效的策略进行对抗。

秩序破坏型带来的新型盈利模式

除上述案例以外，如表2-1所示，7-11银行、三丽鸥公司（Sanrio）、Livesense公司等都属于秩序破坏型。秩序破坏型中的有些企业从根本上否定了过去的竞争策略，创造了新的战术和盈利模式等。

表2-1　秩序破坏型带来的新型盈利模式

原有盈利模式		新型盈利模式（案例）
销售	→	靠广告费和装备营利，基本功能免费（LINE、手机游戏）
销售	→	靠消耗品营利，主机免费（"雀巢使者"套餐）
融资生息	→	靠ATM手续费营利（7-11银行）
销售	→	靠授权收益营利（Hello Kitty）
广告费	→	靠业务成功之后收取报酬营利（Livesense公司、Jalan旅游网站）

例如，7-11银行不开展其他银行的存款储蓄或融资等业务，其主要收益来源于ATM机的"手续费"。该银行除了在本公司旗下的7-11便利店和伊藤洋华堂等场所外，还在车站、机场等客流量较多的地点大量安装ATM机，给人们带来了便利。[①]在7-11银行的ATM机上可以使用其他银行的银行卡，7-11银行同时向持卡人和持卡人所使用的银行卡

---

① 在日本，各个银行的ATM机一般分布得比较零散。如果要特意寻找某家银行专用的ATM机，往往会浪费较多时间。而7-11便利店遍布日本，随处可见，许多银行的银行卡都可以在7-11银行的ATM机使用。人们去便利店买东西时可以顺便取钱，或者取钱时顺便买东西。因此，7-11银行的ATM机得到用户普遍欢迎。

的开户行收取手续费。

7-11银行为银行业带来了新的竞争规则，即"通过提高ATM机使用效率赚取手续费"。

设计开发了"Hello Kitty"的三丽鸥公司改变了过去由公司独自开发销售Hello Kitty相关产品的策略。现在，该公司采用通过广泛授权给其他公司获得利润的盈利模式。并且，很多公司在对外授权卡通形象时往往会严格限制被授权方对卡通形象的改动，但三丽鸥公司却允许对方根据产品需要对Hello Kitty做适当改变。

如此一来，各式各样的相关产品被开发出来，Hello Kitty获得了全世界的广泛认可，销量迅速上升。作为版权所有者的三丽鸥公司也发展成为国际业务开展能力很强的高收益公司。

至于Livesense公司，在第1章已经做过详细的介绍。一直以来，兼职介绍网站会在发布招聘信息时向用人单位收取广告费，而该网站导入了"成功付费制"这一新型盈利模式，即在用人单位招聘到合适的人选以后，Jobsense才会收取相应的报酬。

"成功付费"听起来似乎风险较高。可是在用人单位看来，成功招聘到人选以后再付广告费，这广告费才不会白花。此外，对于应聘者而言，找到兼职时居然还能额外得到一笔祝贺礼金当然再好不过，这也为学生利用该网站寻找兼职机会提供了动力。

用业务链解读新战术

五种方式——通过业务链把握行业的全貌

如何才能创造出新型盈利模式？在解答这个问题之前，让我们先以盈利模式的视角来考虑业务链。

与价值链相比，业务链是个更为宏观的视角，它关注的是业务结构本身。价值链是把某个企业的活动拆分为增加商品附加价值的各个环节，而业务链则不仅仅关注一个企业，而是着眼于整个行业。当我们把完整的业务链描绘出来后，就可以把握整个行业的功能和流程，从而了解自己的公司或者行业所处的竞争环境。

首先，让我们利用业务链来分析新型盈利模式是如何被创造出来的。秩序破坏型企业采用截然不同的盈利模式提供与其他企业相似的产品或服务。在这个过程当中，业务链内部有哪些元素发生了怎样的变化？

我们可以按照以下五种方法来观察业务链的变化。

1. 省略：省略部分环节。

2. 整合：整合多种资源。

3. 替换：用新元素取代旧元素。

4. 扩大：增加选项。

5. 增加：增加新功能和新价值。

接下来我们将在上述五种方法的基础上探讨业务链的变化。在各个案例中，盈利模式（收费项目及商业模式）发生了哪些变化呢？

通过"省略"夺取对方的收益来源

"省略"是指省略业务链的部分环节。通过省略，以往"销售"的盈利模式转变为"基本免费、部分收费"的盈利模式。

前文列举的手机游戏就是一例。对于较少玩游戏的初级玩家而言，用智能手机同样可以玩游戏，没有必要额外花钱购置专门的游戏机。况且，用智能手机即可免费或以很低的价格下载到游戏，也不需要专门去店里购买游戏软件（图2-1）。

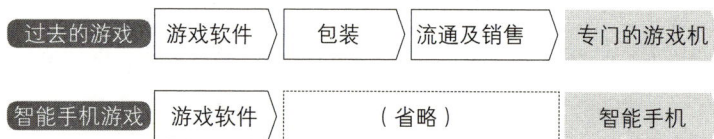

过去的游戏	游戏软件	包装	流通及销售	专门的游戏机
智能手机游戏	游戏软件	（省略）		智能手机

图2-1　智能手机游戏省略了业务链的部分环节

过去，企业通过销售游戏硬件和软件获取利润。如今，用户可以免费或廉价获得游戏，企业则通过销售游戏装备或者向广告主收取广告费获取利润。

这样，通过省略业务链的部分环节，导入新的盈利模式，即可夺取原有企业的收益来源。

通过"整合"收取手续费及广告费

"整合"是指把两种以上的元素合并在一起。

例如，每月有超过3.15亿人访问的全球最大旅游评论网站"猫途鹰"（tripadvisor）就属于"整合"型。该网站覆盖了全球45个国家，会员评论数超过1.9亿条（截至2014年12月）。用户不仅可以浏览全球旅游信息及会员评论，还可以查询机票和酒店，对比找出最低价格，并从该网站直接跳转到各旅行社的页面，办理预约和购买手续。

猫途鹰通过"整合"各种信息及相关网址，增加了网站魅力，吸引了更多的用户提供更多的信息。对于用户来说，登录同一个网站既可以对比价格，又可以浏览其他会员的评论，使用起来非常便利（图2-2）。

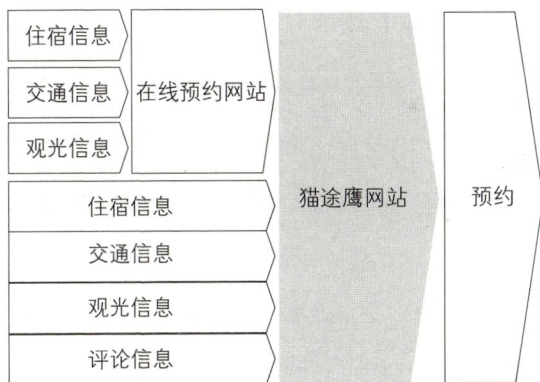

图2-2　通过整合业务链、贴近消费者来获取利润

就这样,"整合"一部分业务链之后,网站包含的信息越来越多,拉近了与消费者之间的距离,从而获得收益。过去,旅行社依靠销售手续费获取利润,而猫途鹰则通过提供网址链接向对方网站收取点击费用,还向赞助商收取广告费用。

除此之外,由ISTYLE公司运营的化妆品和美容综合网站"@cosme"也是通过整合用户评论提供价值的案例。该网站根据消费者的评论选出最受欢迎的商品,发布并更新化妆品排行榜。化妆品公司利用这些评论或者排行榜做销售宣传时需要向该网站支付使用费,这就是@cosme网站的收益来源。

在通过整合多种元素改变盈利模式的案例当中,企业大多是通过互联网来整合现有信息或服务的。

通过"替换"取代原有竞争对手

"替换"是指用其他要素来代替某种要素。

本章开头介绍了通信软件LINE的案例,该公司提供的免费通话服务就属于这种类型。LINE用依靠网络通信功能实现的通话代替了使用电话线路的通话(图2-3)。虽然通话对象局限于联网的用户,但是它的免费功能吸引了大量用户。LINE把聊天这一基本功能免费提供给消费者,通过出售贴图、游戏装备以及发布广告等方式获得收益。

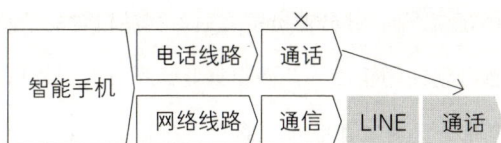

图2-3 "网络通话"取代"电话线路通话"

如果能够通过用新元素替换业务链上的旧元素，为消费者提供附加值更高的产品或者更便利的服务，就有可能将原有竞争对手取而代之。

可以说，"替换"型模式大多是通过技术革新产生的。

通过"扩大"争夺现有客户

"扩大"是指把过去的一种元素拆分成多种元素。只要为消费者提供了更加便利的新选项（产品或服务），就有可能取代原有企业。

让我们来看一下办公区域里的咖啡市场。其实近年来，有不少公司加入了这个市场，各公司之间的竞争日益激化。

首先，办公区之外有罗多伦咖啡连锁店和星巴克咖啡连锁店等推出了咖啡打包服务。其后，7-11便利店以每杯100日元的低价推出了7-11咖啡，也加入了咖啡市场的竞争。

在办公室内部，UNIMAT办公室咖啡占有一定的市场份额，后来雀巢公司也推出了"雀巢使者"套餐，挤入这个市场当中。只要申请加入"雀巢使者"套餐，雀巢公司就会免费提供咖啡机，用户购买雀巢速溶咖啡粉，装入咖啡机，即可喝上现煮咖啡。

此外，加入"雀巢使者"套餐意味着由使用者自己清洗维护咖啡机，雀巢公司在这方面无须消耗成本。提供咖啡机后，雀巢公司就可以定期获得咖啡粉的销售收入。不仅如此，雀巢公司还可以通过套餐推销新出的咖啡，提供新咖啡的样品。

过去，雀巢公司只在超市或商店销售速溶咖啡。通过"雀巢使者"套餐，雀巢公司得以进入办公室市场，争夺到这个市场的现有顾客。

对于消费者而言，虽然同样是一杯咖啡，但是提供场所、服务内容、价格各有不同，选项不断增多（图2-4）。对于各个企业而言，因为互相争夺顾客，竞争变得愈发激烈。

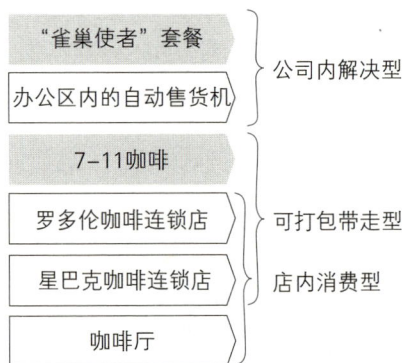

图2-4　办公室咖啡的更多选项

通过"增加"赚取手续费

"增加"是指在业务链中增加过去所没有的新元素。特别是，如果通过"增加"新元素从而成功挤入原有企业和消费者之间，就能够获得手续费收入。

7-11银行就是一个经典案例。如前文所述，7-11银行通过大量安装ATM机提供便利的服务，在其他银行与消费者之间找到自己的位置，在获得手续费收入方面取得了成功（图2-5）。7-11银行不仅在本公司旗下的便利店、商场等场所安装ATM机，还在车站、机场等客流量较大的地方也大量安装ATM机，代替其他银行提供服务。

图2-5 在现有银行与消费者之间找到位置

7-11银行的ATM机数量不断增多，截至2014年9月底，已经增至20 307台（图2-6）。据2014年3月财务报表显示，7-11银行作为独立核算单位，2013年度营业利润为998亿日元，其中有943亿日元为ATM手续费。由此可见，ATM手续费是7-11银行的主要收益来源。

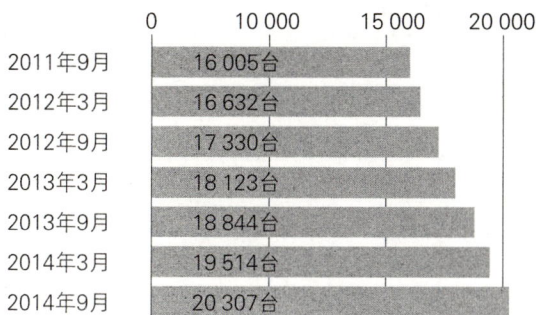

注：本图参照7-11银行网站主页资料制作

图2-6 7-11银行的ATM机设置台数

▌瓦解现有盈利模式

两种视角——重塑业务链

那么，如何重塑业务链才能瓦解现有盈利模式呢？

首先，试着画出自己所在行业的业务链。然后宏观地观察自己的强项、资源、产品或服务，重新审视业务链。解读业务链，应该如图2-7所示，从右至左，即从最终的消费者开始，追溯上游的功能或者活动流程。以消费者为起点观察业务链，可以看到更多的选项。

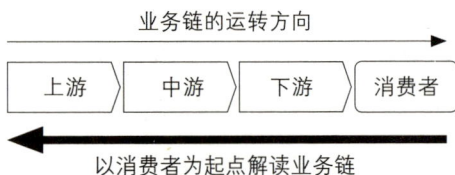

图2-7　以消费者为起点观察业务链

此时需要以下两种视角。

1. Who（主体）改变，则What（提供价值）发生改变。

2. How（方法）改变，则What（提供价值）发生改变。

接下来从上述两种视角出发来分析案例。

改变Who

首先，让我们探讨一下Who（主体）应如何改变。此处的"主体"

是指自己企业的立足点，即立足何处发展事业。可以试着把本企业定位在更靠近消费者的地方，将其视为经营战略的起点，考虑企业面对的是哪些消费者。

以7–11银行为例，该银行非常清楚自己的目标消费者是哪类人。"他们需要金融机构提供的服务，但又嫌麻烦，不愿意专门去各个分支机构办理业务。他们宁愿支付少许手续费，就近办理业务。"7–11银行将这类消费者作为目标群体，为了向他们提供不同于其他银行的价值（What），积极增加ATM机的数量。

在其他银行与消费者之间找到立足点，7–11银行便能够作为"销售代理"收取相应的手续费。对此前文已经将其作为"增加"型案例进行了详细的分析。

说到"销售代理"，还有一个有趣的案例，就是位于东京吉祥寺商业街的"iPad鲜鱼店"。iPad鲜鱼店虽然销售鲜鱼类产品，但是店里（可移动式帐篷）并没有鱼，只有iPad。店主使用iPad与北海道小樽市场里的鲜鱼店进行视频通话。他们的销售场景是这样的。吉祥寺的客人们对着屏幕问道："今天捕捞到哪些海鲜？"小樽市场里的店主可以在线回答。虽然是隔着屏幕交流，但是可以实际看到小樽那边鲜鱼店里的情况，这让客人产生类似现场购物的感觉。iPad鲜鱼店的店主向小樽市场的鲜鱼店收取销售额的15%作为手续费（参见报纸《日经MJ》，2013年1月4日）。

除此以外，LINE的免费通话功能在通信运营商与消费者之间找到立足点，也属于此类案例。随着用户数量不断增加，LINE这项服务得到了普及。越来越多的人在能用LINE联系时就用LINE通话，用LINE没法联系到对方时才会经由电话线路和对方联系。

LINE的免费通话功能成功取代了通信运营商的作用，在消费者面前找到了自己的位置。该公司没有停留在"销售代理"阶段，而是直接瓦解了通信运营商的盈利模式。

总而言之，除了"增加"和"替换"以外，"整合"及"扩大"等方式也可以让企业更加贴近消费者的需求。

改变How

接下来让我们探讨一下应如何改变How（方法），即如何改变盈利模式。

三丽鸥公司于1974年设计开发了Hello Kitty，这个卡通形象自诞生以来就深受人们喜爱，长盛不衰。然而三丽鸥公司的发展过程却并非一帆风顺。进入2000年以来，三丽鸥公司曾经一度低迷，不过自2009年起，又变成了收益较高的公司。

转变的契机是经营模式的变化，Hello Kitty相关产品由直营模式变为授权模式。过去，开发和销售Hello Kitty相关产品的权利主要掌握在三丽鸥公司手里。2008年以来，三丽鸥公司开始授权给外国公司，通过授权获得利润。如今已有109个国家销售Hello Kitty相关产品（2013年）。

另外，三丽鸥的授权形式非常独特，这点在前文中也有提及。很多公司在对外授权时，为了维护品牌形象，会严格限制卡通形象设计的改动，而三丽鸥公司则比较灵活，允许对方公司进行一定程度的改动，可以说这个策略取得了很好的效果。三丽鸥公司除了日本本土以外，还在欧洲、北美、南美、亚洲各地分别设立了相关公司，负责处理商品的设计和销售、著作权的授予和管理等业务，积极扩大Hello Kitty的影响力。

在这种战略的作用下，许多具有当地特色的Hello Kitty以及Hello Kitty合作款商品成功问世。因而，即使在文化风俗截然不同的海外，Hello Kitty也同样受到人们青睐，产生了全球各地的Kitty迷。

该案例展示了通过改变How（方法）提供顾客需要的价值，提高业务收益率的案例。如此一来，即使企业本身位于业务链的上游，只要拥有核心资产或资源，就可以改变提供方式、重塑业务链，提高自身的收益。诸如知名品牌、卡通形象、独家拥有的配方或者技术等，越是难以模仿的资产或资源，越能有效采用这种方法。

此外，互联网保险公司也在逐渐扩大市场。因为通过网络提供服务，因此无须像原有保险公司一样开设实体店，支付管理费、人力费等成本。节省了这些成本，互联网保险公司就可以依靠低廉的保险费来吸引更多的客户。

对原有保险公司来说，由于已经付出了大量成本用以构建全国分店和基础设施网络，因此无法轻易地对互联网保险公司展开反击。许多想要廉价购买保险的顾客都被互联网保险公司吸引过去。通过IT或者智能手机来降低成本的方法也可以看作是改变How（方法）的案例。

▌秩序破坏型从何而来

秩序破坏型的两种登场方式

那么，秩序破坏型企业到底从何而来，或者说秩序破坏型企业到底是怎样产生的呢？在存在明显的或者潜在的不够方便或者不够完善之处的市场中，秩序破坏型企业会通过以下两种方式产生。

1. 来袭式
2. 变身式

其一是来自市场外部的"来袭式"企业。新加入竞争的企业通过带来新的竞争策略，消除了消费者感到不便或者不利的情况，从而瓦解了原有企业的盈利模式。7-11银行、LINE、Livesense等都属于这一类型。

其二是市场内部的"变身式"企业。即原本就在某行业发展的企业打破现有的商业模式，确立了崭新的竞争策略。例如"雀巢使者"套餐等就是这一类型的经典案例。

接下来具体看一下上述两种秩序破坏型企业的运作方式。

来袭式秩序破坏型

首先要探讨的是从市场外引入崭新竞争策略的案例。在现有市场当中，有些经营资源一直被视为必不可少的存在。然而很多情况下，来袭式企业并不具备这些资源，却把这个劣势巧妙地转化为进攻的武器。

例如，很多银行拥有大量的技术信息、人才以及大规模的营业网点，并将这些资源视为必需品，然而7-11银行却根本不具备这些资源。许多通信运营商认为通信基础设施必不可少，而LINE却反其道而行，并未进行此类基础设施建设。招聘行业的Livesense也不像日本招聘巨头Recruit Holdings①那样拥有大量的销售人员和营业网点，甚至连经营资源都极为有限，但Livesense就是在这样的情况下起步的。

另一方面，受到来袭式企业冲击的原有企业在各自的行业都拥有庞大的经营资源，这些资源是在竞争中取得优势地位的原因，即"关键成功因素"（KSF, Key Success Factor）。新手企业倘若打算和原有企业采用同样的策略展开竞争则毫无胜算。

然而如果采用新的竞争策略，战况则有可能截然不同。对于原有银行而言，已经在各种银行业务上投入了大量的经营资源，ATM机只不过是客户服务的一个环节。与其一味增加ATM机数量，与7-11银行展开竞争，不如携手合作（向7-11银行支付手续费，使自己的银行卡

①　人力资源公司Recruit Holdings旗下有众多子公司，前文中提及的TOWNWORK招聘网站就是Recruit Holdings旗下的子公司。此外，日本知名订房网站Jalan.net同样隶属于该公司。

在7-11银行ATM机上也能使用），方为上策。

7-11银行的优势在于，总公司旗下的店铺遍布日本各地，其ATM机可以安装在这些店里。这是其他银行无法比拟的优势。因此，理论上来说，ATM机安装越多，7-11银行收取到的ATM机手续费也越多。2012年，迅速成长起来的7-11银行一鼓作气顺势收购了美国的ATM运营公司，在海外市场也展开了同样的业务。

7-11银行在开设之初就拥有坚强的后盾，即数量庞大的7-11便利店。这意味着7-11银行构筑了一个新的行业壁垒，使其他银行很难采用相同的竞争策略。而LINE和Livesense则没有7-11银行那样强大的资源用来构建壁垒，也就是说，其他新手企业可以轻易模仿其竞争策略，对其构成威胁。

变身式秩序破坏型

其次要探讨的是市场内部的"变身式"企业。这些企业亲手打破原有的商业模式，确立新的竞争策略，通过重新审视并灵活运用"现有资源"，创造出新的竞争规则。

以"雀巢使者"套餐为例，通过向办公室免费提供咖啡机，要求对方定期购买咖啡机专用的速溶咖啡粉，速溶咖啡粉的销售为雀巢公司带来了利润。其实这和办公室的复印机通过对方定期购买墨粉盒等耗材来获取利润是同样的道理。

"雀巢使者"把原本面向家庭开发销售的咖啡机转而应用于办公室

市场，这就是采用新视角充分利用现有资源的经典案例。

在办公室咖啡的市场上，主要存在着两大类需求。其中一类是，时间充足时想喝到价位适中的美味咖啡的需求。另一类是，短时间多次数地喝到咖啡的需求。针对前者，星巴克咖啡连锁店和塔利咖啡连锁店（Tully's Coffee）可以满足相应需求，而且最近在便利店等也能买到现煮咖啡了。针对后者，办公室内安装的自动售货机出售罐装咖啡，UNIMAT等公司则提供咖啡机服务。

如此一来，过去在办公室里也颇受欢迎的速溶咖啡由于上述竞争对手的出现而即将走向败局。在此背景下，应运而生的是"雀巢使者"的经营模式。

总而言之，变身式秩序破坏型企业从新的角度审视现有市场的需求情况，通过重组现有资源确立新的特色，从而与竞争对手拉开距离。

秩序破坏型企业巨大冲击力的生成机制

如上所述，秩序破坏型企业包括"市场外来袭式"和"市场内变身式"两种类型，分别具有下述不同的竞争方式。

1.来袭式：化腐朽为神奇，没有资源反而成为最大优势，实现迅速扩张。

2.变身式：采用新视点，重组旧资源，构筑新优势。

对于来袭式企业而言，扩张速度最重要。因为，市场秩序的打破与秩序破坏后的竞争几乎是同时发生的。

例如，LINE刚刚登场就以迅雷不及掩耳之势吸引了大量新用户。庞大的用户数量很快成为其他模仿者难以逾越的障碍。7-11银行的登场也极为迅猛，通过在集团旗下的众多店铺中各自安装一台操作简单的小型ATM机迅速开展业务。从结果来看，两者都在极短时间内快速取得成功。

另一方面，对变身式企业来说最重要的是重整现有资源，确立竞争对手难以企及的优势。

"雀巢使者"提供的服务填补了市场缝隙，虽然也削弱了一些竞争对手，但并不是以扩张速度制胜。其他公司纵然想要模仿雀巢，也无法在一朝一夕构筑起如此显著的优越性。雀巢金牌咖啡的品质早已受到消费者认可，雀巢咖啡机在性能、质量、价格方面的优势也很明显。模仿者若要超越雀巢，至少得在咖啡粉和咖啡机上具有一定优势，而要实现这点非常困难。

当秩序破坏型企业在破坏现有市场竞争秩序和秩序破坏后展开竞争这两个阶段都取得胜利时，就会产生巨大的冲击力。

第3章

发现市场盲点，创造崭新价值

市场创造型

流程改革型 arranger	市场创造型 creator
秩序破坏型 breaker	业务创造型 developer

提出新的价值，改变竞争规则

方兴未艾的运动相机市场

在YouTube和脸谱（Facebook）等社交网站，想必有很多人都看到过冲浪运动或者单板滑雪等视频。这些视频效果逼真，令观众仿佛身临其境，它们大多是用GoPro相机拍摄的。GoPro相机是一种小型可穿戴式相机，专门用于拍摄极限运动，也就是所谓的"运动相机"。

说到原有的摄像机，液晶屏幕、变焦功能等被视为标准配置。然而GoPro相机舍弃了这些功能，尽力缩小相机体积，提升防震及防水功能。有些角度或者运动的动态画面用摄像机难以拍摄，而GoPro却能完成这些任务。

2014年5月，GoPro公司向美国证券交易委员会提交了上市申请材料，打算在美国纳斯达克上市。申请材料显示，该公司2010年度的销售额为6 446万美元，2011年度为2亿3 423万美元，2012年度为5亿2 601

万美元，2013年度为9亿8 573万美元。几乎以翻番的速度持续增长。

GoPro相机的销售量2011年度为114万台，2012年度为231万台，2013年度为384万台。与此相对的，索尼公司的摄像机的销售量则呈现出递减趋势，2012年度为370万台，2013年度为230万台。从数量上来看，GoPro公司已经超过索尼公司，一跃成为摄像机市场的翘楚（图3-1）。

注：数据源自GoPro公司的申请材料以及索尼公司的有价证券报告

图3-1　GoPro、索尼家用摄像机的销售量变化

当然，以索尼为首的原有企业也在努力开发最先进的高性能相机，不断完善相机功能。然而，在世界相机市场不断走向成熟的潮流当中，以GoPro为代表的运动相机发现并满足了消费者的潜在需求，创造了崭新的市场，从而改变了摄像机市场的竞争规则。

新市场侵蚀原有市场

2009年至2011年，在GoPro相机开始销售的初期阶段，运动相机尚未受到索尼、松下等大公司的关注，仅仅是满足户外运动爱好者等少数人群需求的利基市场（niche market）。其实索尼公司早在20年前就曾经推出过类似运动相机的"摄录一体机"，可惜当时使用穿戴式相机拍摄视频的需求还不够旺盛。

运动相机这个新市场不断扩大的背景是消费者的生活方式及所处环境发生了变化。之前消费者的脑海里没有"运动相机"的概念，因此其潜在需求也一直没有浮出水面，直到相关技术实现了突破，运动相机的制造才成为现实。

具体来说，首先在价值观方面，消费者对于相机的需求发生了变化。随着社交网络服务的不断发展，越来越多的人开始随身携带智能手机，随时随地拍摄照片或视频并将其上传至社交网站。也就是说，在过去，照片或视频被用于"珍藏"，而现在，照片和视频则被用于"分享"。亲朋好友之间可以通过互相分享照片或视频来交流，也有越来越多的机会使有趣的视频能够得到更多人关注。

其次，技术的进步使小型化、轻量化变为可能。轻盈小巧的相机也能拍出高像素的视频，网络技术的发展使得上传视频的成本几乎为零。

再者，GoPro的影响力最近逐渐渗透到商用摄像机等高端市场。该公司最新出品的"HERO3"摄像机不仅价格仅为商用摄像机价格的十分之一，而且品质卓越，拍摄出来的影像完全可以用于在电视上播放。

并且，随着运动相机的不断普及以及价位的不断降低，运动相机除了应用于电视台录制节目以外，还被用于拍摄灾害现场、工程管理现场等人们难以直接到达的地方。也就是说，新产品的面世进而又催生了新的市场需求。

创造崭新市场，改变竞争规则

如上所述，盈利模式没有发生变化，提供的产品或服务却是前所未有的，这类企业就是"市场创造型"。市场创造型企业发现并创造了新的市场，在新市场中，原有企业难以发挥自身的优势。于是，竞争规则被市场创造型企业改写。

例如，摄像机市场当中，人们常常会用手持式摄像机把孩子的开学典礼、运动会等场景记录下来，方便日后合家观赏。而运动相机所提供的功能则与此类摄像机截然不同。运动相机并不和普通摄像机展开技术性能方面的竞争，而是通过削减部分功能实现小型化，提高防震及防水功能。这正是运动相机的优势。

如今，随身携带相机，随时随地拍摄自己的日常生活，把照片或视频发送给亲朋好友的现象越来越普遍。向社交网站及视频网站上传照片或视频的用户也变得越来越多。如果新市场能够有效满足消费者的新需求，呈现出优于原有市场的魅力，那么市场创造型企业在新市场的优势就会得到更充分的发挥。

如此一来，原有企业则会陷入困境。市场创造型企业越是蓬勃发展，越会对原有企业造成威胁，成为原有企业难以应付的竞争对手。

提供新式读书体验的电子书

在出差或旅行途中，想必有许多人都曾有过等车或者等飞机的经历。等待过程若是无所事事就会变得很难熬，这时若是手头有本书就能多少打发些时间了。可是出行往往受到行李体积所限，能随身携带的书最多也不过一本或几本而已。

此外，在工作或生活当中，有时会突然需要阅读某本书。然而这时可能正值深夜，书店已经关门，我们就不得不等到第二天才能买到想要的书。

对于上述几种情形，电子书能够为消费者提供更为便利的解决办法。

如果是电子书，不论何时何地，只要需要，马上就能买来阅读。而且也可以把大量书籍保存在电子书阅读器或者手机上随身携带。如果使用云服务，随身携带的书籍几乎可以不受数量的限制。

卖书挣钱这一盈利模式并没发生变化。然而通过把图书电子化，人们可以随身携带很多本，也可以随时下载马上阅读。从提供了新价值这点来讲，电子书属于市场创造型。

电子书为消费者提供了"新式读书体验"的新选项。目前还不清楚这会夺走纸质书的市场需求，还是会挖掘出新的市场需求。但是电子书很有可能会就此从根本上改变竞争的规则。

从固定电话到功能手机，再到智能手机

对于固定电话而言，功能手机就是市场创造型。功能手机具有可以随时随地通话的优势，为消费者的生活带来便利，夺取了原本由固

定电话占主流地位的市场。

如今，智能手机正在逐渐替代功能手机。智能手机不仅保留了功能手机的"随时通话"功能，而且添加了"网络通信"的功能，从而创造了新的市场。

此外，电视机同样通过添加新功能创造了新市场。过去，电视机仅仅是作为"接收器"来接收电视台的节目信号。随着视频传送手段的多样化发展，电视机增添了"输出设备"（output device）的功能，让人们能够随时选择播放自己喜欢的内容。

最近，除了电视台播放的节目之外，视频点播（video on demand，简称VOD）服务以及免费视频网站所提供的视频内容越来越多。消费者不仅可以在笔记本电脑、平板电脑等设备上观看这些视频，甚至也可以在电视机上观看。今后消费者对于电视机的功能需求想必会越来越倾向于"输出设备"，而不再仅仅满足于"接收器"的功能。

市场创造型不仅限于IT行业

市场创造型企业不仅限于IT行业。例如，特定保健食品也属于市场创造型。维持健康和调节饮食的基本功能没有什么变化，但特定保健用食品为消费者提供了便利，让人们能够通过比运动更轻松的方法达到保健效果，故而创造出了新的市场。

此外，睛姿公司销售的睛姿电脑护目镜，永濑公司（Nagase Brothers）旗下的高考补习学校东进补习学校也是市场创造型。

睛姿电脑护目镜不仅具有其他眼镜的"矫正视力"功能，而且还增添了"保护眼睛"的功能，可以阻隔来自电脑屏幕等的蓝光，创造了电脑护目镜这个新市场。

东进补习学校没有采用其他补习学校的"教室授课"方式，而是通过提供"教学视频"的方式广泛吸引那些忙于社团活动或者居住在地方城市的考生。不受时间地点限制，就能听到名师授课，其便利性成功开拓了新的市场。

如表3-1所示，上述企业都通过创造新市场改写了竞争的规则。

表3-1　市场创造型企业所创造的新市场

原有产品或服务		新的产品或服务（案例）
家庭用摄像机	→	运动相机（GoPro）
接收电视台的节目信号	→	视频播放（电视机）
矫正视力	→	保护眼睛（睛姿电脑护目镜）
超市、个体零售店	→	24小时便利店（7-11便利店）
饮料、保健品	→	健康功能饮料（特定保健食品）
固定电话、功能手机	→	智能手机
教室授课	→	视频教学（东进补习学校）
纸质图书或杂志	→	电子书（Kindle电子书阅读器）

市场创造的起点

增加便利，或者消除不便之处

市场创造型企业通过提供前所未有的新产品或服务来创造新市场，迫使原有企业面对竞争规则的改变。

那么，这种创造新产品或服务的竞争方式是如何产生的呢？可以从第2章介绍的"业务链"的角度进行分析。不过在此之前，让我们先探讨一下市场创造的起点在哪里。

市场创造的起点是以下两项中的任意一项，或者同时属于以下两项。

1. 通过增加便利来创造市场。
2. 通过消除不便之处来创造市场。

从字面上来看，两者的不同在于，是增加了便利的服务还是消除了不便之处。乍一看似乎是同一个意思，但是，前者是在正值的基础上添加正值，后者则是把负值变为零（或者把负值变为正值）。

例如，智能手机和电子书等新市场的创造都属于立足于便利性的增加来实现的。

另一方面，东进补习学校的案例则是通过消除不便之处创造了市场。该补习学校并未采用传统的"（大城市）教室授课"方式，而是通过提供"教学视频"，让那些忙于社团活动或者居住在地方城市的考生按照自己的需要选择合适的时间接受名师授课。

消除制约因素的东进补习学校

让我们从业务链的角度来分析东进补习学校的案例。

补习学校这个行业主要面向高考考生的补习需求，其业务链包括

"教材""教师""授课""模拟考试"等环节。补习学校的消费者是学生，学生们根据各自的学习水平和空闲时间来选择相应的课程，在补习学校规定的时间和规定的教室上课，定期接受能力测评考试。

补习学校的这种经营模式暗含着一个默认的前提，即主要以高考落榜生为目标群体。20世纪70年代至90年代初期，日本的大学入学名额远远少于考生人数，要想考进大学比较难。正是在这个背景下，补习学校才发展壮大起来。在那个年代，为了考上理想的大学，复读一到两年非常正常，因此，去补习学校上课的多为高考落榜生。对补习学校来说，高考落榜生能来上课的时间多于应届考生，因此也能收到更多的学费。

并且在那时，宽带网络尚不完备，人气讲师数量有限，因此，补习学校会尽量安排让更多的学生能够同时参加权威老师的授课。为了实现这个目标，补习学校往往把校址选在大城市中央车站附近的高楼大厦里，教室面积非常大。这样一来，就可以让更多的学生在统一的时间统一参加现场授课。

然而对于那些因为参加社团活动而受时间限制或者住在地方城市的应届生而言，这类补习学校无法满足他们的需求。他们不是每天都有时间上课，能上课的时间也可能没有他们想学的课程。补习学校假如离高中很远，路上也会花费很多的时间。

在这个背景之下，东进补习学校导入了"视频教学"模式。这样做不仅保证了教学的品质，而且还消除了时间上和物理上的"制约"。

受学生们欢迎的教师的授课情形被拍摄成视频，使用视频点播或DVD光盘等播放。

这样一来，学生就可以根据自己的水平和目标来选择适合自己的课程，在合适的时间参加补习了。不懂的地方可以反复播放，还可以按照自己的时间表选择一次多听几节课。与其他补习学校不同，东进补习学校的学生不再需要在规定的时间去规定的地点听课（图3-2）。

图3-2　用视频教学取代现场授课的东进补习学校

消除制约因素，发掘潜在需求

由于导入了"视频教学"模式，东进补习学校既不需要把教室安排在中央车站附近，也不需要寻找超大教室。事实上，该补习学校的教室并不局限于中央车站附近，也有很多位于普通车站附近的小楼房里。

并且，因为是视频教学，东进补习学校也不再受到"教师人数"的限制。"东进卫星补习学校"通过加盟连锁的形式，在全国范围内开设相同品质的课程，满足了地方城市应届生的需求。

20世纪90年代初期，由于经济不景气，少子化加剧，以及大学数量增加等原因，日本正式进入了"人人都能上大学的时代"。复读的人越来越少，应届考入大学变为考生和家长们的重要目标。在这样的背景之下，东进补习学校体现并满足了消费者的潜在需求，实现了飞跃。

增加便利的运动相机

另一方面，运动相机则可以说是为消费者增加便利的类型。

如上文所述，包括手持式摄像机在内的传统摄像机在业务链上与胶片相机和数码相机相同，基本过程都是从"摄影"到"保存及鉴赏"。消费者希望能够拍摄下孩子的开学典礼、运动会等场景，记录下人生的重要时刻，方便日后合家回味。

然而随着功能手机及智能手机的出现，消费者使用相机的方式也发生了变化。随身携带相机，随时拍摄下自己正在做的事情并上传至社交网站成为人们的日常生活方式。消费者的需求不再停留于私人化的"保存及鉴赏"，而是变为有意识地向更多的人"发送"自己的作品。

运动相机恰恰满足了消费者想要更加方便地"发送"照片或视频的这种需求。小型化、轻量化技术满足了消费者的新需求，这种相机与以消费者的新需求为起点产生的业务链取得了一致（图3-3）。

图3-3 把握消费者需求变化的运动相机

消费者需求或技术可行性

总而言之，新市场是以"增加便利"或"消除不便之处（制约因素）"为起点创造出来的。这两种情况都满足了消费者的潜在需求（needs）。

不过消费者的潜在需求也有很多种。有的是消费者已经意识到，但却尚未实现的。有的则是消费者自己都还没有意识到的。特别是对于后者，有些技术经验发展到了可以实现产业化、商品化的阶段，即技术可行性（seeds）已经被成功证明。这些新技术让消费者意识到了自己的潜在需求，从而创造了前所未有的新市场。

电子书和智能手机就属于后者。

可能消费者最初并未期待"想读书的时候随时随地买来阅读"，或者"手机不仅用于通话，还能用来上网"。但是，计算机技术、网络科技、云服务等通信技术的发展证明了这种技术的可行性。通过充分运用各种技术，创造出许多新的产品或服务，消费者的需求也因而得到了体现。

此外，能够同时查询地图和商家信息的新服务的出现，也可以说是因为"随时随地查询信息"的技术使其成为可能。正因为查询信息的技术具有可行性，才使得潜在的消费者需求浮现出来。

无论是上述哪一种情况，要想实现消费者需求，都必须分析并依靠技术可行性。

用业务链解读新战术

把握消费者未知价值的五种方法

那么，应该如何重塑业务链呢？同样可以按照第2章介绍的五种方法来考虑，具体如下。

1.省略：省略部分环节。

2.整合：整合多种资源。

3.替换：用新元素取代旧元素。

4.扩大：增加选项。

5.增加：增加新功能和新价值。

通过"省略"消除不便之处

如果"省略"业务链的部分环节可以消除消费过程中的不便之处，就能够创造出新的市场。

例如，视频点播（VOD）服务可以让消费者在电视、计算机、手机上随时看到自己喜欢的节目。提供视频点播服务的企业就是"省略"了去店铺租借DVD的环节（图3-4）。

| 视频 | DVD | DVD出租服务 | 电视、计算机 |

| 视频 | 省略 | | 电视、计算机 |

图3-4　视频点播（VOD）省略了业务链的部分环节

这个新市场的兴起夺走了音像出租店的客源。因为对于消费者而言，这样更方便，省去了专门跑去音像出租店把DVD租来，看完之后再去归还的烦琐过程。事实上，美国著名的光碟租赁连锁店百视达（Blockbuster LLC）已经陷入了经营困境。

一旦通过"省略"产生的新市场得到消费者的认可，原有企业就会因为失去顾客而被逼入绝境。原有市场甚至可能会被新市场取而代之。

可以说，"省略"的案例较多出现在网络行业，这点与第2章所举的案例颇为相似。

通过"整合"为消费者增加便利

如果能把业务链中的多种元素"整合"在一起，为消费者增加便利，也能创造出新的市场。

如前文所述，功能手机只具有"通话"功能，而智能手机则兼具"通话"和"通信"两种功能。一部智能手机不仅可以用来通话，还可以用来连接网络，享受各种服务。

而且，自从有了智能手机，很多人都不再需要随身携带手表、计算器、数码相机、随身听、记事本等物品了，因为智能手机有效地整合了这些物品的功能（图3-5）。

图3-5 整合通信和通话功能的智能手机

多种元素被整合在一起，催生了新的市场。一旦新市场得到消费者的认可，原有企业就会因失去客源而陷入困境。而且，与"省略"相同，"整合"业务链中的多种元素同样可能使新市场取代原有市场。如今，功能手机正在被智能手机逐步取代。

但是也需要注意，如果没有为消费者带来便利，仅仅是整合则毫无意义。例如，日本移动通信企业NTT DOCOMO曾于1999年推出"i-mode"业务，让用户可以使用功能手机联网。然而i-mode允许连接的网站极为有限，因此完全无法与智能手机提供的服务抗衡。

通过"替换"来消除不便之处

假如能够"替换"掉业务链的部分环节，消除消费流程的不便之处，同样也能创造出新的市场。

前文中详细介绍的东进补习学校就属于这个类型。该补习学校把"现场授课"替换为"视频教学"，消除了学生必须到教室上课的不便之处，满足了应届考生，特别是地方城市应届生的需求。名师授课的视频可以被复制成多张光碟，授课时间和地点等也就不再受到限制（图3-6）。

| 原有补习学校 | 教材 | 教师 | 教室 | 授课 |
| 东进补习学校 | 教材 | 教师 | 视频教学 | |

图3-6　用视频教学替换现场授课的东进补习学校

通过"替换"产生的新市场，有的会侵蚀原有市场，甚至将原有市场取而代之；有的则不会与原有市场发生冲突，而是发掘出崭新的市场需求。

以东进补习学校为例，从一个侧面来讲，通过消除学生必须到教室上课的制约，东进补习学校成功地发掘了应届考生、特别是地方城市应届生的潜在需求。

然而，如果原有市场被新市场侵蚀甚至取代，原有企业必然会陷入困境。这种情况下，曾经赖以生存的优势有可能会转而沦为劣势，需要多加注意。

例如在东进补习学校的案例中，该补习学校创造出了新的市场，使得补习学校行业的竞争核心从"在市中心拥有超大教室"变为"教师和授课的水平"。如此一来，那些拥有超大教室和大量职员的原有补习学校就很难转型去模仿东进补习学校。过去的优势（市中心超大教室和大量职员）极有可能变成劣势。

通过"扩大"来创造新的市场

"扩大"是指在业务链的部分环节当中，用不同的手段提供相同的功能。

保健品或者特定保健食品就属于这个类型。两者都用于维持人体健康，与运动、饮食的功能相同，但其方法更加省时省力，因而受到消费者的欢迎。一个新选项倘若能够获得消费者的支持，就可以创造出新的市场。

其实，24小时便利店和上门取货配送服务在诞生之初都是作为新选项登场的市场创造型。二者都是在日本经济高速增长期[①]的末期诞生，并于20世纪80年代以后迅速成长起来。

作为购物场所，24小时便利店只是消费者的一个选项。在其诞生之初，超市和百货商场正处于全盛时期。不过，便利店具有一个完全不同于超市、百货商场的优势，那就是"再晚也能在附近买到东西"。24小时便利店以便利性为武器，一举改变了零售业的竞争规则。

除此之外，率先开展上门取货配送服务的大和运输公司宅急便[②]也为消费者提供了新选项。大和运输公司宣传，"接到电话立刻上门取货，次日发货"，该服务极大地方便了消费者，从而创造了新市场。在此之前，人们如果打算邮寄包裹，必须把包裹带到邮局或日本国有铁道才能办理业务。

总而言之，新选项的业务覆盖面决定了新市场的性质。有的新市场会侵蚀原有市场，随后取而代之；有的新市场则不会与原有市场产生冲突，而是发掘出新的需求。

因此，尤其需要关注的问题是，"在有限的目的和预算当中，消费者会选择什么。"因为如果某个新的选项与旧选项没有太大的差别，那

---

① 日本经济高速增长期是指20世纪50年代中期至20世纪70年代初期。该时期被称为日本战后经济奇迹。

② 大和运输宅急便（Yamato Transport）：日本最大的宅急便运输公司，目前在中国上海等长三角地区有分支机构，中文为"雅玛多宅急便"。

么对于消费者而言，旧选项就已经足够满足需要了。

有的新选项能够在功能上完全替代旧选项，但还有一种情况是，即使通过新选项无法得到与旧选项相同的东西，但消费者还是会把新选项视为旧选项的替代品。这也需要注意。

例如全身美容、按摩、旅行、购物等产品服务各不相同，可是有的消费者会把这些都视为"放松身心的手段"。也就是说，不同行业的企业不得不展开竞争，争夺消费者用于放松身心的开支。

在"扩大"方面，企业很有可能会出乎意料地被其他行业夺走市场需求。

通过"增加"来提供新的价值

"增加"是指在业务链上添加前所未有的元素。

运动相机在"保存及鉴赏"的基础上增加了"发送"功能，就是满足了消费者在这方面的新需求（图3-7）。

图3-7 把握消费者需求变化的运动相机

此外，在睛姿电脑护目镜的案例中，虽然业务链本身没有变化，但在其提供的原有价值"视力矫正"的基础上，睛姿电脑护目镜增加了新的价值，即"保护眼睛"免受蓝光的侵害。如此一来自然成功开拓了新的市场。

也就是说，通过"增加"可以提供新的价值，创造新的市场。新市场既有可能侵蚀原有市场，也有可能开拓出全新的需求，与原有市场互不影响。

不过需要注意的是，倘若新添加的元素很容易被模仿，那么原有企业也有可能会陆续跟进，参与竞争。事实上，在GoPro公司开拓出运动相机市场之后，索尼、JVC建伍、松下等公司陆续参与到运动相机市场的竞争当中。在睛姿电脑护目镜开拓出来的电脑护目镜市场中，Zoff（佐芙）眼镜连锁店和眼镜市场等公司也相继加入。

对于新市场的开拓者而言，维持自己产品或服务的领先地位是重中之重。对于原有企业来说，他们需要竭力考虑如何在新市场中把开拓者的利益限制在最小程度。

创造市场，获得价值

如何增加便利

上一节介绍了观察业务链的五种方法。那么应该如何从这五点出发，达到增加便利、消除不便之处的目的呢？

要想为消费者增加便利，"整合"和"增加"比较有效。把若干元素整合在一起，或是在业务链上添加新元素，都可以为市场提供新的价值和功能。

例如，智能手机"整合"了通话、通信、相机、音乐播放等功能。电脑护目镜在视力矫正的基础上"增加"了削减蓝光的功能。

为了提高便利程度，需要多思考几个问题。"还有什么可以一起使用会更加便利？""哪些事情如果能同时解决就好了？""还能不能同时处理其他事情？"

不过如前文所述，倘若只是单纯地整合多个元素，或是增加某个元素，新市场不会轻易出现。重要的是必须确认"新提供的价值或功能是否是消费者真正需要的"，"是否达到了消费者要求的水平"。

如何消除制约因素

消除不便之处，"省略"和"替换"比较有效。省略业务链的部分环节，替换掉业务链的部分环节，可以消除目前所面临的制约因素。

例如，电子书"省略"了出门购买等环节。消费者即使在深夜也能买到想要的书或杂志，并能把大量书籍存到电子书阅读器里轻松携带。教学视频则"替换"了现场授课等环节，学生可以在喜欢的时间段听到名师讲课。

为了消除不便之处，我们有必要多回答几个问题。"消费者在哪些方面感到不便？""怎么做才能使用起来更加方便？"如何重新审视消费流程和业务链才是关键所在。

不过，进行上述分类只不过是为了给我们的假说提供一些启发。对消费流程的好奇心、不被行业常识束缚的观察力、对其他行业的广泛关注才是必不可缺的。

新市场VS.原有市场

市场创造型企业创造出的新市场包括两类：①取代原有市场的新市场；②与原有市场互不影响，发掘出全新需求的新市场。

如果是通过"省略""整合"等方式创造出来的新市场，由于削减了业务链的部分环节或整合了多种元素，往往会表现出把原有市场取而代之的魄力，具有较强的破坏性。

例如，提供视频点播服务的企业"省略"了店铺租借DVD的环节，夺走了音像出租店的客源。智能手机"整合"了手表、计算器、数码相机、随身听、记事本等物品的功能，影响到了此类产品的销售。

对于原有企业来说，新市场构成了巨大的威胁，因为它们不仅有可能会夺走客源，还有可能会破坏整个产业。例如，随着智能手机用户越来越多，数码相机市场趋于萎缩，相机生产厂家不得不转而研发高端相机。

另一方面，如果是通过"替换""增加"等方式创造出来的新市场，由于替换了业务链的部分元素或增添了某个新元素，往往不会冲击或替代原有市场，而是趋于发掘新的市场需求。

东进补习学校用教学视频"替换"了现场授课，方便学生选择合适的时间听名师授课，因而成功吸引了那些因为要参加社团活动而没有时间听课或者无法去大城市听课的地方考生，开拓了新的市场。在视力矫正的基础上"增加"了削减蓝光功能的电脑护目镜同样也是扩大了眼镜市场。

但是需要注意的是，如前文所述，新市场一旦成为主流，就会对原有市场产生威胁。到了那个时候，原有企业的优势甚至有可能变成它们的短板。

例如，那些已经拥有市中心超大教室和大量职员的原有补习学校很难转型开展视频教学。音像出租店原本的优势在于"店址选在方便顾客的地方""种类丰富、应有尽有"，可是视频点播服务的出现却让这些优势再也称不上优势。运动相机的市场与旧有的摄像机市场对于产品开发所要求的要素自然也不一样。

新市场中的模式建构

倘若新市场前景看好，许多企业都会蜂拥而入。笔者曾在前文指出，已有大量企业涌入运动相机市场和电脑护目镜市场。如今在特定保健食品等市场，竞争也在不断激化。

不过，有些市场创造者仍能在竞争中保持优势。例如，创造了便利店市场的7-11便利店、创造了上门取货配送市场的大和运输公司、引领电子书市场的亚马逊、开展视频教学的东进补习学校等都在各自行业当中保持着领先地位。这些行业领头羊到底有哪些与众不同的特质呢？

这是因为，新市场的创造者们并非仅仅提供了新的产品或服务，而是构筑了一个全新的模式。这个全新的模式使得其他企业即使想模仿也无法轻易模仿成功。

不过，假如又有更新的市场出现并成为主流，那么现在的市场创造者们同样也有可能优势变为劣势。市场创造不是简单地创造出一个新市场就结束了，而是要利用新产品或服务构筑出新的市场模式，并对该模式不断加以完善。

第4章

创造新型业务模式

业务创造型

流程改革型	市场创造型
arranger	creator
秩序破坏型	业务创造型
breaker	developer

创造前所未有的业务

依靠经营者或者企业的热情和意志推出新的产品或服务，并将其与新的盈利模式有效结合起来，创造出前所未有的业务，这类企业就是"业务创造型"。业务创造型不仅为消费者提供了新的产品或服务，而且还导入了新的盈利模式，是一种混合型企业。

业务创造型兼具市场创造型和秩序破坏型的优势，一方面成功创造出了消费者未曾注意到的价值，另一方面瓦解了旧有盈利模式。因而对于原有企业来说，业务创造型企业是非常棘手的存在。

汽车共享衍生出的新市场

过去人们若想用车，要么自己买一辆，想开的时候随时能开，要么向汽车租赁公司临时租赁。对此，汽车共享展示了不同的概念——通过建立会员组织，许多人可以合用一辆汽车。汽车租赁公司一般要求至少租赁半天，而汽车共享的借车时间最短为15分钟，采用会员制收费模式。

近年来，"想开车却不想买车"的人似乎越来越多。汽车租赁市场因为这类需求发展起来，汽车共享市场更是因此得以迅速扩张，并吸引了越来越多的其他行业的企业陆续加入。

汽车共享费用低廉，有时几百日元就能租到汽车，其中还包括保险费、汽油费等。从汽车租赁公司租车，借车及还车的时间会受到汽车租赁公司营业时间的限制。而汽车共享有效利用了无人值守式收费停车场，24小时都可以租车还车，并且还能通过网络预约。此外，只要登记一次成为会员，就不再需要每次办理烦琐的手续。

如此一来，在想去附近买点东西，或者开车接送孩子时，可以就像开自己家的汽车一样随意租用。这种轻松随意之处，开发出了"日常生活中的近距离移动"这个新市场。

为用车者提供更多便利

对于企业方面来说，由于单次租赁的价格很低，要想盈利就必须提高汽车的使用率。为此，需要把汽车停放在便于顾客租用的地方。

Times24公司[①]在全日本经营着为数众多的无人值守式收费停车场（投币式收费停车场），该公司利用这个资源优势开展汽车共享业务，成为日本汽车共享行业的巨头。现任社长西川光一表示，当初之所以

[①] Park24公司是日本国内最大的停车场公司，旗下子公司包括Times24。由Times24公司经营的Times投币式收费停车场遍布日本各地。以此为基础，该公司涉足汽车共享行业，其汽车共享项目名为"Times Car Plus"。

开展汽车共享业务，是因为考虑到"能否在收费停车场的基础上，为驾驶者提供更多价值"（《日经Business》，2013年7月22日）。

丰田汽车租赁公司是汽车租赁公司中的翘楚，截至2011年，该公司可用于租借的汽车超过10万辆。与此相比，Times24公司2014年的车辆总数约为9 400辆，远远少于丰田汽车租赁公司。然而，从租车服务网点的数量来看，丰田汽车租赁公司约为1 200处，而Times24公司约为5 600处，具有绝对优势。除此以外，租用Times24公司的车辆时，用车者如果需要加油或洗车，都可以获得相应的优惠。这项优惠措施也为公司节省了大量的人力物力。

过去的汽车租赁公司通过大量持有汽车、广布网点等方式发展壮大。因为每次租车一般至少要租半天，租出去的车不会立刻还回来，所以汽车租赁公司为了避免错失商机，往往致力于增加车辆的数量。但是对于汽车共享行业来说，既不必增加各个网点的存车数量，也不必设置大面积的租车店铺，因此没有这些方面的固定成本。汽车共享行业的特点在于"薄利多销"，虽然是短时间低价格租赁，但是只要使用率够高，利润就能得到确保。

物流设施建设的捆绑式服务——大和房建的"D项目"

再举一个例子，大和房建公司（Daiwa House Industry）推出的"D项目"（D Project）也属于业务创造型。"D项目"是指，大和房建公司参与企业客户物流设施建设的投资及策划，为企业客户提供各种方案以取得相应的收益（图4-1）。

注：本图参照大和房建公司主页制作

图4-1　物流设施建设的捆绑式服务

　　D项目之所以得到推广，是因为物流设施市场正在不断壮大。自2008年雷曼兄弟公司破产引发全球金融危机以来，建筑行业开始降温，唯有物流中心的建设呈现出欣欣向荣之势。2011年以后，大型物流设施的开发一直持续升温。

　　拉动物流设施建设需求的是网购大军。据说如今的网购市场流通总额已经超过了110 000亿日元。网上销售公司对物流设施建设的投资意向促进了建筑市场的繁荣。

　　另一方面，由于部分工厂关闭或搬迁至其他国家，日本国内出现了不少闲置厂房。这些闲置厂房进一步推动了大型物流设施的开发热潮。并且，2011年3月11日日本大地震发生后，具有卓越抗震性能的大型物流设施受到人们的好评，这也拉动了对物流设施的市场需求。

大和房建为物流设施市场带来了一个新的切入点，为企业客户提供全方位的支持和服务。大和房建参照企业客户的物流战略安排，帮助寻找物流设施的最佳选址，并在设施建设、维护管理等各个方面提供周到细致的服务。如果企业客户在物流设施建设完成之后需要和运营管理公司及人才派遣公司合作，大和房建可以负责找到相应领域的专家构筑起合作体系，满足企业客户的需求。

此外，大和房建还会为企业客户提供租赁方案。有的项目投资总额多达数十亿乃至数百亿日元，大和房建可能会在方案中提出，由大和房建持有土地及设施的所有权，将其出租给客户。这样对企业客户来说，不仅可以缓解数额巨大的初期投资所造成的资金流通压力，无须持有固定资产即可使用新建的物流设施，还可以委托大和房建帮助运营管理。未来如果需要改变物流设施的地址，也可灵活处理，不必顾虑转卖土地设施等方面的问题。

大和房建的"捆绑式一站服务"彻底改变了企业对物流设施成本的判断方式。如果打算建设一处物流设施，从获得土地到设计和建设需要面临各种情况，成本预估、建筑商招标、工期计算等方面都需要大量的专业知识。然而如果选择了捆绑式服务，财务部门和管理层就可以进行应对。而且，有的企业不具备购买建设大面积房地产的财力，大和房建的捆绑式服务满足了这类企业的需求，开拓出了新的客户群。

D项目的捆绑式服务成功解决了物流设施建设的难题，创造出了新的业务。自2003年至2013年，该项目已开发建设了100栋物流设施，总面积超过198万平方米。

租赁用住宅与物流仓库的共同点

大和房建之所以能推出捆绑式服务并构筑出中期盈利模式，是因为该公司不仅仅是建筑商，而且还具有房地产中介、金融公司、仓库运营商等侧面。作为成功的房地产公司，其实力使得这个模式成为可能。

例如，在获得土地资源时，大和房建可以有效利用自己的现有资源。要为企业客户提供物流设施的最佳选址，必须找到规模和地址都符合客户需要的土地房屋。大和房建在开展住宅业务的过程中，在全国范围内掌握着大量的土地信息。因此，该公司可以充分利用已有的信息网络，找到符合客户需求的土地并展开谈判。

并且，在签订租赁业务合同以及提供售后服务方面，大和房建也能够有效利用其作为房地产公司的优势。原有建筑公司提供的业务主要包括"设计、采购、建设"，其核心竞争力在于如何用较低成本建造出高品质的建筑物。建筑公司要想在竞争中取得优势，需要具备设计技术、项目管理能力、承包商人脉资源等。这些知识和经验在建造写字楼、商品房、大型商业设施等方面能够发挥极大的作用。然而，物流设施的建设并不只是需要建筑商建造出"房子"，还需要帮助客户实现高效的"运营"。

从土地信息到建设、运营，大和房建可以提供全方位的解决方案，因此得以创造出全新的业务。

价格.com网站创造的新市场

第1章介绍了价格比较网站"价格.com",该网站也属于业务创造型的经典案例。价格.com网站提供的服务主要包括两项：各店之间的价格对比和提供用户评价。在价格.com网站出现之前，用户要想获得此类信息只能自己到处查询。

价格.com网站还引入了新的盈利模式。该网站不向用户收费，而是向各零售店收取广告费用。并且，当消费者经由价格.com网站的网络链接跳转到各零售店网站时，价格.com网站会收取相应的手续费。除此以外，各零售店登上价格.com网站的价格比较清单，或是需要由价格.com网站提供商品企划方案等，也需支付相应费用。以上就是价格.com网站盈利模式的大致结构。

过去，家电量贩店常常会在显眼位置打出标语，写着："如果您发现其他店比本店便宜，就算只便宜1日元，也请您告诉我们。"不知道实际上到底有多少顾客跟工作人员说过其他店更便宜，并要求降价？虽然没有具体数据，但是可以确定的是，卖方和买方之间的信息不对称是卖方推出这种销售策略的依据。然而，随着价格.com网站的出现，消费者可以很方便地查到每个店铺的价格信息，如此一来，这样的标语就不会再有什么效果了。

另外，价格比较网站的出现还引发了"展厅现象"，即消费者在实体店看过商品实物后并不立即购买，而是在网上找到更便宜的店铺进行网购。家电销售量位居日本第一的山田电机家电量贩店也因此栽了跟头，该公司2013年9月的年中合并结算显示，山田电机面临23亿日元的赤字。由此可见，"展厅现象"带来的影响不容忽视。

　　零售行业的价格竞争日趋激烈，在此背景之下，为消费者提供比价信息的价格.com网站获得了收益。只要保有消费者的支持，价格.com网站未来还有可能继续壮大。

▌业务创造的起点

　　在需求与商业模式并不明朗的情况下，如何形成新业务是业务创造型企业的核心问题。

　　有的业务创造型企业以创业者的奇思妙想或创业热忱作为创造新的产品或服务的原动力，盈利模式是后来逐渐形成的。也有的业务创造型企业首先产生技术和盈利模式，然后才找到对应的市场需求。成功的关键在于要把想象力和创造力结合起来。

　　想象力与创造力无法按照事先的计划结合在一起，其成立过程存在多种模式。第3章介绍了消费者需求（needs）和技术可行性（seeds）的问题，可以在这个基础上，看看消费者需求和技术可行性能为我们带来怎样的新型盈利模式。

App Store——以技术可行性为起点的业务创造

Times24公司最初打算开展汽车共享业务，是因为考虑到"能否在收费停车场的基础上，为驾驶者提供更多价值"。可以说，这是以技术可行性为起点的市场创造。苹果公司的智能手机iPhone采用的也是同样的模式。

2007年，史蒂夫·乔布斯宣称"苹果将重新发明电话"，发布了智能手机iPhone。果然，iPhone成为重新洗牌电话市场的存在。

不过，当乔布斯宣布"要把音乐、通话、通信这三种功能整合到一个划时代的设备里"时，听众当中有多少人能够准确预估到iPhone的强大破坏力呢？智能手机其实并不是苹果公司发明的，比如Research in Motion公司（黑莓公司的旧称）和诺基亚公司就曾发布过智能手机。可是正如乔布斯揶揄的那样，"智能手机不够智能"。

在这样的时代背景下，苹果公司发布了具备卓越操作界面的划时代终端——iPhone。在那之前，智能手机的主要用户为商务人士。iPhone的出现一举扩大了整个智能手机市场。如今在日本，10~20岁女性当中约有80%使用智能手机（数据源于2014年Video Research Interactive公司调查结果）。

不仅如此，苹果公司还创造了一个崭新的市场，即"App Store"（苹果官方应用商店）。用户可以使用自己的终端登录App Store，购买各种手机应用软件。App Store则向各软件开发者收取相应的销售手续费。这是一种前所未有的新型盈利模式。苹果公司对外公布本公司基础软件iOS系统的相关代码，以便第三方应用开发人员针对苹果产品开发应用软件。此举为数百万开发人员提供了一个"应用软件销售平台"，开拓出了新的业务。

Salesforce.com公司——以技术可行性为起点的业务创造

Salesforce.com公司（译作"软件营销部队"或"软营"）是一家主要提供客户关系管理（CRM）软件的云计算服务商。其应用软件业务同样也是以技术可行性为起点的业务创造。

该公司业务最为独特的一点是，在网站上推出了自定义应用程序发布和共享中心AppExchange，允许开发者上传软件，并且公开了云计算编程语言Apex。如此一来，用户及独立软件供应商就能随意定制应用程序了。

而且，定制出来的软件可以上传至Salesforce.com网站进行销售。正如该公司所宣传的，这是"用户为用户发明的用户软件"。

Salesforce.com公司按照销售额向定制软件的开发者收取相应的手续费。这种盈利模式和以往经营商用软件包的公司截然不同。过去的公司只是销售自己开发的软件，而Salesforce.com创造出了新的业务，即"不断更新的应用软件业务"，故而实现了发展。

MOOCs课程——以消费者需求为起点的业务创造

另一方面，还有一些企业以消费者需求为起点创造出新的业务，例如MOOCs（Massive Open Online Courses，"大规模网络开放课程"，中文译为"慕课")。MOOCs是一种平台，在网上免费提供名牌大学的课程。

课程在录制时就考虑到网上收看的效果，为了适应智能手机的播放，还被分割为15分钟一段的短视频。并且，登录网站时无须资格审查，谁都可以收看。也就是说，无论是谁，都能随时随地免费收看世界级的高品质课程。该平台一举扩大了公众接受教育的机会。

MOOCs对于使用者而言是只有好处没有坏处，然而，免费课程的扩大恐怕会给大学带来威胁。诸如医学、法学等职业性质较强、需要资格考试的专业学校，以及能够为学生们提供人脉网络的商业学校或许不会受到太大的冲击。可是有些教育机构的教学质量一般，或者无法为学生提供互动效果良好的人脉网络，在这类教育机构看来，MOOCs的存在绝非好事，因为MOOCs很有可能会影响到他们的收益。

MOOCs现在面临的课题是，如何构筑自身的盈利模式。目前，该平台主要依靠财团捐赠、大学合作等展开运营。至于如何网罗优秀学子、如何收取毕业证手续费、如何为企业提供企业需要的人才等，都是MOOCs未来走向商业化时所必须解决的问题。

虽说如此，首先开发出新的服务，然后找到新的盈利模式，MOOCs的发展道路仍然可以称为以消费者需求为起点的业务创造。

GDO网站——以消费者需求为起点的业务创造

还有一个以消费者需求为起点的业务创造型企业，那就是高尔夫球场预约平台GDO网站。过去，要想预约高尔夫球场得与各家球场联系，GDO则把高尔夫球场预约全都整合到了一家网站。

截至2014年，全日本打高尔夫的人数约为930万人。高尔夫销售额高达20 000亿日元，在运动相关领域具有绝对领先的规模优势。但是由于团块世代①于2015年全部退休，加入到前期高龄人口（65～74岁）的行列当中，只从高尔夫爱好者人口构成来看的话，高尔夫市场规模的萎缩恐怕在所难免。尽管形势比以往严峻，然而GDO网站却仍然持续发展，2014年，会员数已增加至234万人。

过去，高尔夫行业是卖方市场，球场在交易中处于有利地位。倘若不是高尔夫球场的会员，就要支付格外昂贵的费用，而且没有会员介绍也很难预约到场地。GDO网站打破了这个商业壁垒。全日本约有2400家高尔夫球场，其中有大约60%可以通过GDO网站进行预约。

此外，GDO网站还会为预约用户提供各种各样的服务。例如提供会员特权，销售高尔夫球杆、球衣，收购和销售二手高尔夫用品等。也就是说，该网站把高尔夫行业的各家公司所经营的业务几乎都整合到了一起。

高尔夫球场的成本主要用于维护球场运转，要想持续获得收益，关键在于提高球场的使用率。可是，随着高尔夫顾客的年龄增长，企业招待客户打高尔夫的需要也不断减少，要想继续存活下去，必须尽

———————————

① 团块世代：指在日本第一次婴儿潮时期出生的那代人。第一次婴儿潮发生于二战后的1947年到1949年。

可能多地吸引零散的高尔夫业余爱好者。为此，即使要支付不菲的手续费，各高尔夫球场仍然纷纷与GDO网站展开合作。

不过，由于零散访客的增加，有时很难预约到球场，这些问题会招致部分原有会员的不满，也有可能会导致一些用户因此放弃会员资格。尽管如此，GDO网站仍然是相当成功的。GDO网站的社长石坂信也原本并不从事高尔夫行业，因而没有受到行业惯例的束缚。他讲述了自己的创业经过。

"我在普通公司上班时，每次安排高尔夫球比赛都会感到特别郁闷。为了满足参赛者的要求、了解球场的费用等，我不得不给各个球场打电话咨询，才能通过比较找出合适的球场。可是，我在美国留学时看到了美国的高尔夫球场评价网站，这才发现居然还有这么便利的方法。用户评价提供了准确的信息，真的非常有用。"

GDO网站可以说是以消费者需求为起点产生的业务。

表4-1简单总结了上述各案例。

表4-1　业务创造型的案例

		新的产品或服务		新型盈利模式
以技术可行性为起点的业务创造	App Store	应用软件销售平台	×	应用软件销售手续费
	Salesforce.com公司	应用软件销售平台	×	应用软件销售手续费
以消费者需求为起点的业务创造	MOOCs平台	免费网络教育	×	毕业证手续费
	GDO网站	代为预约高尔夫球场	×	集客手续费

创造新业务的四个要素

有收费停车场才得以开展汽车共享业务

Times24公司之所以能够成功开展汽车共享业务，是因为该公司经营的无人值守式收费停车场遍布日本各地，这项资源为汽车共享业务的发展提供了条件。大和房建之所以能够成功地推出物流设施捆绑式服务D项目，是因为该公司原本就从事房地产行业，可以充分利用自己的经营资源。

要创造出新的业务，新的产品或服务以及新的盈利模式自然是不可或缺。不过我们还应扩大自己的视野，从其他侧面思考新业务的创造过程。例如，创造新业务时用到了哪些经营资源？瞄准了哪些顾客群体？只有把这四个要素结合起来，才能创造出可以提供给顾客的价值（图4-2）。

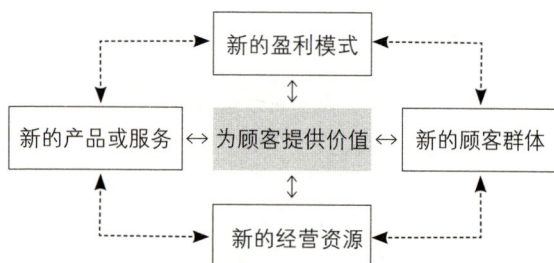

图4-2　为顾客提供价值所需要的四个要素

像开自家车一样便利

下文将以Times24公司和大和房建为例，详细分析上述四个要素。首先看Times24公司的汽车共享业务（图4-3）。

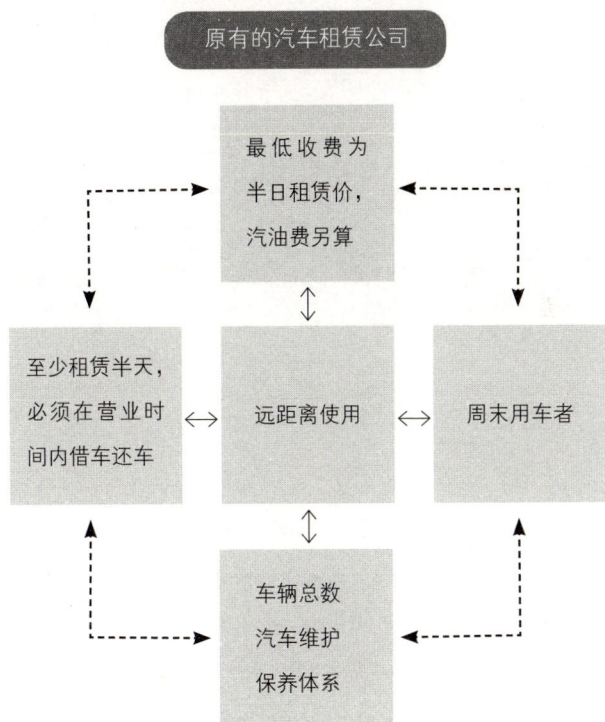

原有的汽车租赁公司

最低收费为半日租赁价，汽油费另算

至少租赁半天，必须在营业时间内借车还车

远距离使用

周末用车者

车辆总数
汽车维护
保养体系

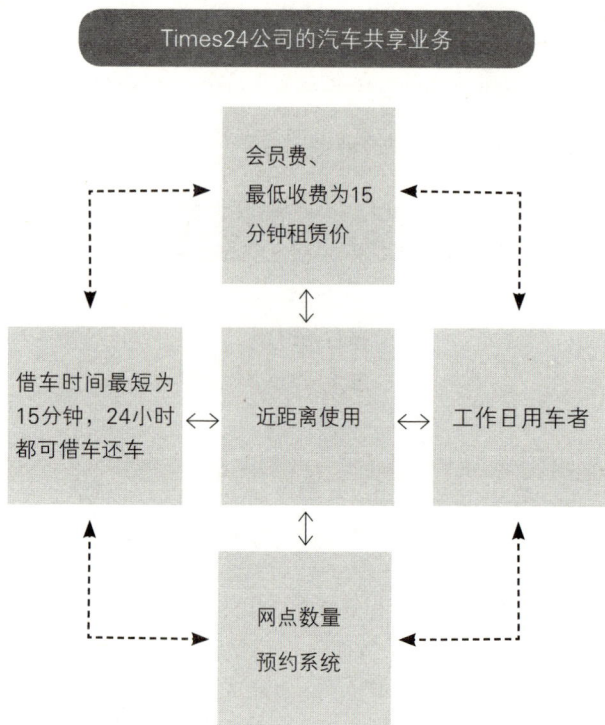

图4-3 构成汽车共享业务的四个要素

经营资源

Times24公司最早是生产制造停车场相关仪器设备的公司。随后该公司利用自己的生产经验和专利等经营停车场业务，即遍布日本各地的无人值守式收费停车场。截至2014年10月，其停车场数量约为15 000个。2009年，该公司收购了马自达汽车租赁公司。如上所述，Times24公司的这些经营资源构成了其开展汽车共享业务Times Car Plus的基础。

产品或服务

在Times24公司的众多经营资源当中，停车场仪器设备、停车场、车辆这三项尤为重要。正是因为同时拥有这三项资源，"利用无人值守式收费停车场出租汽车"的新服务才得以成功推出。会员只需提前通过网络或电话预约，在预约的时间到达停车场，用会员卡（非接触式IC卡）打开车锁，再把会员卡插入安装在车上的装置进行会员认证，就可以开车出行了。

顾客群体

去汽车租赁公司租车的人主要是为了商务出差或周末远游。而Times24公司的汽车共享业务通过提供新颖方便的用车体验，成功发掘（创造）出了不同于汽车租赁公司的顾客群体。

盈利模式

Times24汽车共享业务的收费方式简单易懂，那就是"会费＋每15分钟200日元"。利润规模虽然不及汽车租赁公司，但其收费结构也与汽车租赁公司截然不同。

提供价值

汽车共享业务提供了一种全新的汽车使用方式。无须购买私家车，想用车时就去租车，按照租车时间付费。其为顾客提供的价值在于，租车还车极为便利，就如同开自己家的车一样。这是新的产品或服务、新的盈利模式、Times24公司的经营资源（停车场）以及新的顾客群体

（汽车共享会员）这四个要素紧密结合在一起，从而创造出的新价值。

充分利用现有资源，提供全方位解决方案

接下来再看大和房建的D项目（图4-4）。

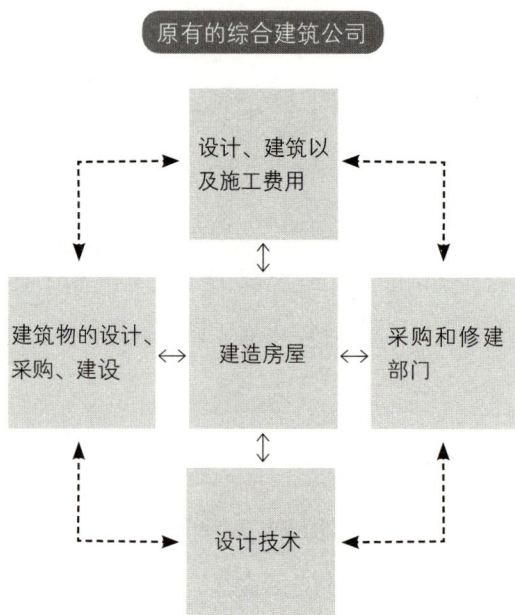

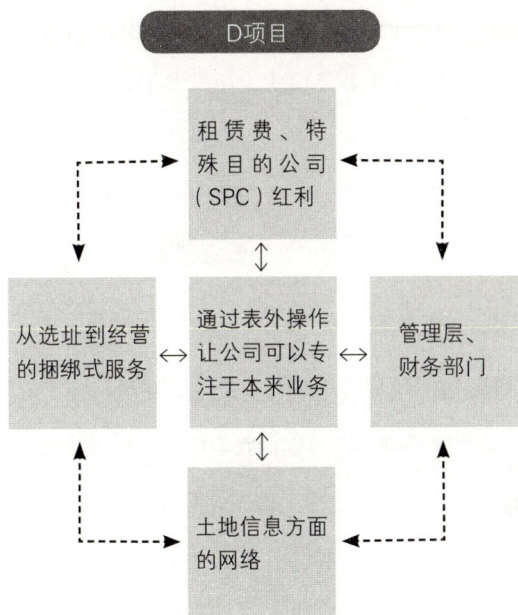

图4-4 构成物流设施捆绑式服务的四个要素

产品或服务

企业如果想要拥有自己的物流仓库，从选址买地到设计建造会产生数额庞大的费用。部分中小型企业难以承担如此巨大的支出，还有些企业虽然想开展物流业务，但又不想持有过多的固定资产。大和房建推出的D项目非常适合这些企业，由大和房建拥有土地及设施的所有权，客户向大和房建租借物流仓库。

顾客群体

大和房建构筑的这个业务模式成功扩大了顾客群，将投资实力较弱的企业也纳入到顾客群体当中。并且，捆绑式服务减轻了企业客户的负担，企业客户的财务部门和管理层即使不具备建筑方面的专业知识，没有相关的经验，也能做出这项投资判断。

盈利模式

其他建筑公司的盈利模式是收取设计、建筑、施工等费用。大和房建D计划的盈利模式则不同，他们收取的是房屋租赁费、仓库运营费以及特殊目的公司（SPC，全称是Special Purpose Company）的红利等。这些可以保证长期稳定的收益，不会因为经济形势的影响而产生过大的波动。2014年11月，大和房建宣布与休闲服饰品牌优衣库母公司迅销公司（Fast Retailing）共同成立新物流公司（《日本经济新闻》，2014年11月5日）。迅销公司新建物流设施是为了扩大网购业务，实现次日发货。

经营资源

实现捆绑式服务，不仅需要作为建筑商的资源和经验，还需具备房地产商、金融公司、仓库运营商等方面的相关资源和经验。这些都是大和房建原本就拥有的经营资源。过去，大和房建认为仅靠房屋建设难以在竞争中获胜，因而涉足了房地产相关领域，例如帮助客户选址买地等。而且，为了尽量多地从公寓所有者手中租到公寓用于出租，大和房建还推出"包租"方案，无论房屋是否转租出去，都定期向公寓持有人支付租金。此外，大和房建还拥有特殊目的公司方面的相关经验。总而言之，由于大和房建积累了各种各样的知识和经验，所以才能成功满足新的客户需求。

提供价值

关于物流设施建设，企业客户并不只是需要建筑商建造出"房子"，还需要对方帮助实现高效的"运营"。因为企业客户希望尽可能减少物流业务方面的负担，让自己可以专注于经营本来业务。从土地信息的获取到物流设施的建设及运营，大和房建可以提供全方位的解决方案，满足了这类企业客户的需求。

实现资源与经营同步，让竞争对手难以模仿

有的业务创造以技术可行性为起点，有的业务创造以消费者需求为起点，还有的业务创造以同时满足两者为起点。简而言之，如何使各种要素紧密结合创造出新的价值，这才是重中之重。Times24汽车共享业务充分利用了公司的现有资源，即已实现网络化的连锁小型停车场，从而推出了"每15分钟200日元"的计费规则。大和房建的D项目充分利用了现有资源，即通过开展住宅租赁业务积累的经验，从而推出了物流仓库租赁业务，实现了新的盈利模式。他们拥有其他竞争对手所没有的"竞争资源"，并且让"竞争资源"直接通向"盈利模式"，构筑了上述的业务模式。

问题的关键并不在于是以技术可行性为起点还是以消费者需求为起点，而在于如何紧密结合现有资源与经营活动。只有几个要素相互配合，同时发挥作用，才能产生长期的竞争优势，让其他竞争对手难以模仿（参考根来龙之著《创新的逻辑：优秀企业的商业模式》）。

倘若其他汽车租赁公司、综合建设公司想要模仿Times24和大和房建开展相同的业务，则必须重新整合，从零出发。但是这样一来就会破坏其长期积累的各种有形无形的经营资源。没有企业会愿意亲手毁掉这些资源。这也正是原有企业难以迅速展开反击的原因。业务开拓者们趁机迅速确保自己的竞争优势，其他企业再想从后面赶上开拓者们就非常困难了。

打开潘多拉的盒子

但是，新的竞争策略并不意味着今后也能永远有效。自己导入的新型竞争规则也有可能再引来更新的规则颠覆者。

例如汽车共享业务市场当中，最具核心竞争力的经营资源是"生活区附近的网点数量"。那么，有些企业虽然不经营停车场，但是他们拥有数量庞大的网点，如果这些企业打算加入汽车共享行业，这个行业又会变成何种情形呢？

其实已经有连锁便利店开始发展汽车共享业务了。顾客去便利店租车还车时还可以顺便买点东西，同时增加了便利店的销售额。目前，便利店是与其他汽车共享公司合作开展汽车共享业务。不过，便利店本身就有自己的会员卡体系，假如以后打算独立开展汽车共享业务，便利店甚至无须顾客重新填写会员资料。而且会员积攒够一定数额的积分之后说不定还能免费租车。

此外，随着电动汽车的普及，越来越多的便利店停车场将会安装充电站。到了那时，倘若便利店决心进一步开展汽车共享业务，就很有可能会成为难以对付的竞争对手。

物流设施捆绑式服务同样如此。

例如，有些公司拥有为数众多的大型物流中心，如果把自己的物流中心低价租赁出去会怎样呢？

事实上，亚马逊已经开始面向站内零售店提供物流服务了。从商品保管、处理订单到出货、送货、退换货等，这些业务亚马逊都能代为办理。亚马逊目前虽然只为站内零售店提供服务，将来很有可能把这项业务扩展到站内零售店以外的其他企业。

如此看来，竞争规则的变化没有止境。即便是从其他行业跨越过来的新型开拓者，一旦成为该行业的原有企业，接下来就要面对其他规则颠覆者的威胁了。因此，创造新业务之后应尽快完善自己的业务模式，抢占先机，让竞争对手难以模仿。

第5章

重塑价值链

流程改革型

流程改革型	市场创造型
arranger	creator
秩序破坏型	业务创造型
breaker	developer

打破行业常识，改变竞争规则

改革旧流程，创造新价值

本书第2章到第4章分别具体介绍了三种竞争方式，即破坏现有盈利模式的"秩序破坏型"、发现并满足消费者尚未注意到的需求的"市场创造型"、创造崭新业务的"业务创造型"。它们的共同之处在于通过带来新的盈利模式、新的产品或服务来改变竞争规则。

不过要想改变竞争规则，不见得非要改变盈利模式或者产品和服务。有些企业着眼于现有的业务流程，对其加以改善，取得了竞争中的优势。产品或服务没有大的不同，但其提供的"流程"发生了变化，随之产生新的价值，进而改变了以往的竞争规则。

那么，通过改革流程来创造新的价值到底是指什么呢？

在此以"我的意大利菜""我的法国菜"等连锁餐厅为例进行介绍，这些餐厅近年来在日本餐饮业掀起了一场革命。

"我的意大利菜"和"我的法国菜"是"我的系列"中的招牌餐厅。这些餐厅都隶属于"我的株式会社"公司。自2011年9月位于东京新桥站附近的"我的意大利菜"1号店开张以来，不到三年的时间，在以银座、新桥为中心的东京繁华地带总共有27家"我的系列"连锁餐厅展开经营（截至2014年6月）。

既然也是餐厅，所以盈利模式、产品或服务都与其他餐厅没有太大的区别。但是，走进"我的法国菜""我的意大利菜"等餐厅，你会发现这里与其他法式西餐厅或意大利餐厅的风格截然不同。现在来看几个主要特征。

"我的系列"创造的价值

说到法式西餐厅，人们的眼前一般会浮现出以下场景。宽敞的大厅中摆放着若干长桌，客人们优雅地细细品味一道又一道的美食。这就是法式西餐厅给人的普遍印象。然而在"我的法国菜"等系列餐厅，大多数客人都是站着用餐，也就是说，很多餐桌旁边没有餐椅。不仅如此，这里的餐桌也很小，餐桌与餐桌之间的间隔非常狭窄，客人稍一挪动说不定就会碰到其他客人。

餐厅入口处摆放着餐厅主厨们的巨幅照片，令人印象深刻。工作日是从下午4点开始营业，这个时间就已经有很多人在排队了。客人络绎不绝，排队现象已经是餐厅的常态。并且与其他高级餐厅不同，"我的法国菜""我的意大利菜"可供预约的席位极少。想在店内用餐一般只能当天去店门口排队。

翻开菜单可以发现这里的菜品可谓"豪华"。松露、鹅肝、龙虾等高级食材的用量很足。比如有一道菜叫作"瓶装鱼子酱"，就如菜名一样，鱼子酱满满地装在一个玻璃瓶里，非常实惠。尽管食材如此高级，大多数意大利菜价格却都在1 000日元以下，法国菜也大多仅为1 000日元左右。如果是在其他的知名西餐厅，价格恐怕会是"我的系列"的3～5倍。而且，"我的系列"的葡萄酒也价位适中，如果客人想喝自己带来的葡萄酒，只需为此支付999日元。

如今除了"我的意大利菜""我的法国菜"以外，"我的系列"还陆续推出了"我的烤鸡串""我的日本菜""我的中国菜"等各类风格的餐厅。面积不足66平方米的餐厅每月营业额却高达1 900万日元。其人气爆棚的秘诀到底是什么？原因有以下三点。

1. 一流的主厨。

2. 一流的（高级）食材。

3. 极为实惠的价格。

满足第1个条件的有很多餐厅，例如米其林星级餐厅等都拥有一流的主厨。可是"我的系列"餐厅不仅满足第1、第2，而且还满足第3个条件，为顾客提供了新价值。

提高座位周转率，实现薄利多销

正常情况下，一流主厨烹饪的高级美食不可能价格如此低廉。然而"我的系列"餐厅却让这一切成为可能。怎样才能做到这一点呢？

关键在于座位周转率。一般而言，食材成本最高为菜品价格的30%，超过这个限度就可能会赔本。可是"我的系列"餐厅的食材成本约为菜品价格的60%。成本如此之高，要实现盈利就必须增加客人数量，也就是说，提高座位周转率，增加销售额。普通法式西餐厅的座位周转率约为平均每天1次，而"我的系列"餐厅则为平均每天3.5次。

前文介绍的"站着用餐"是提高座位周转率的关键。因为是站着用餐，餐厅容客量会增加到普通餐厅的3～4倍，而且客人也不会长时间逗留。如果是坐着用餐，2～3名客人一起用餐时往往会占用设有4个座位的餐桌。而站着用餐的话，因为本来就没有餐椅，所以也不会发生座位闲置的现象。

再者，由于不接受预约，餐厅就不必预留出餐桌等待预约客人，这样做也能提高座位的周转率。工作日下午4点就早早开始营业同样也是为了容纳更多的客人用餐。

因为站着用餐非常省空间，餐厅面积不必过大，店铺租金能节省不少；而且"我的系列"餐厅的服务档次不像高级餐厅那么高端，因此在人员花费上也能节省许多；另外，客人多就意味着高级食材的需求量大，一次性购买大量高级食材也能得到更多的优惠。这些特点都能有效降低餐厅成本。

表5-1总结了其他高级餐厅与"我的系列"餐厅的不同之处。由此可见，虽然为客人"提供的东西"相同，但是在"提供方法"上却有很大差异。

表5-1 其他高级餐厅与"我的系列"餐厅的异同点

	其他高级餐厅	"我的系列"餐厅	
店址	银座、惠比寿、青山、六本木等	银座、惠比寿、青山等	提供的内容相同
食材	高级	高级	
主厨	一流	一流	
座位	坐着用餐	站着用餐	提供方法不同
预约	原则上需要预约	原则上不接受预约	
营业时间	18点到21点左右	16点到22点45分 不经营午餐	
服务	全方位服务	居酒屋（小酒馆）服务水平	

密集型选址战略构筑良好循环

"我的系列"餐厅的主厨们都身怀绝技，比如曾经在米其林星级餐厅工作过等。主厨们经验丰富，各自都有自己的拿手菜。也就是说，在"我的系列"餐厅的各个分店，菜单也各有不同。客人们在一家分店用餐之后，会想下一次再去另一家分店尝尝味道，这就形成了良好的客源循环。

据"我的系列"餐厅的社长坂本孝介绍，在同一个区域经营多家餐厅能够为主厨们提供切磋厨艺的机会，让他们的厨艺愈发精进。由于各个分店菜单不同，分店之间不是单纯地争夺客源，而是在料理品质方面也展开竞争，形成了健康的良性竞争体系。此外，"我的系列"餐厅采取密集型选址战略，在银座等繁华地带集中经营多家分店。步行不到10分钟的距离范围之内能看到多家"我的系列"餐厅，形成了良好的广告

效果。并且通过在同一地区开设多家分店，房屋租赁中介公司也会愿意
介绍条件更好的店址。

改革现有流程，打破行业常识

来总结一下上文的案例。

首先要注意，"我的系列"餐厅改革流程的前提是"提供给客人的
东西没有任何变化"。餐厅最重要的价值和功能是"为客人提供好吃的
菜品"，这一点没有发生变化。更准确地说，"我的系列"餐厅不惜雇
佣一流主厨，使用大量高级食材，其提供的价值显然更高。

为了实现这一点，该餐厅对产品或服务的提供方法（流程）做了
较大改变。"我的系列"餐厅着眼于增加顾客数量，为了提高座位周转
率采用了站着用餐等方式。

换言之，"我的系列"餐厅构筑了一个打破常规的模式，即"高级
餐厅力图提高座位周转率"。通过打破行业当中普遍被认为理所当然的
常识，该餐厅成功地创造出了新的价值。

综上所述，流程改革型的竞争方式可以总结为以下几点。

1. 提供给顾客的东西（价值和功能）没有发生变化（甚至有所
提升）。

2. 为了实现第1条，需要改变商品或服务的提供方法（流程）。

3. 改变流程同时也是在打破本行业的常识。

4. 通过改变提供方法（流程）来创造新的价值。

"我的系列"餐厅一方面为客人提供了不逊于其他竞争对手的高品质美食，另一方面打破行业常识，有效降低运营成本，在竞争中取得了绝对优势。

改革流程的四种方法

重新评估"价值链"而非"业务链"

那么，流程改革到底指什么？

流程改革就是要重新评估组成"价值链"的各个流程。价值链可以分解为若干流程，每段流程都为商品增加了附加值。以餐厅的价值链为例，首先要"开发"菜单，然后在实际生产过程中要"采购"食材（进货），进行"生产"（烹饪），最后则要把生产出来的产品"销售"出去。

图5-1把"我的系列"餐厅的价值链和其他高级餐厅的价值链分别提取出来，进行了对比。可以发现，"我的系列"餐厅在价值链的各个流程都下了一番功夫。

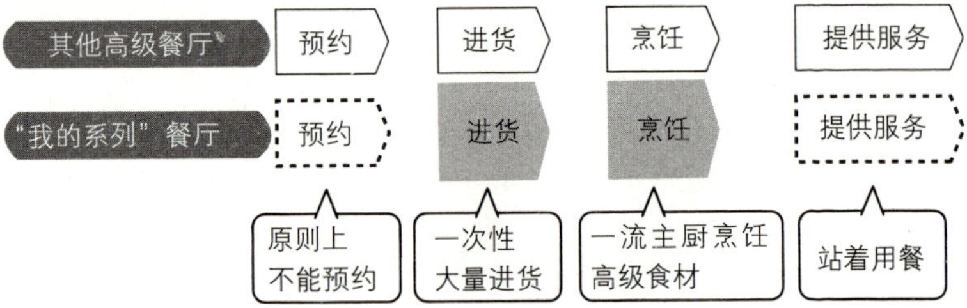

图5-1 如何在各个流程下功夫

第2章到第4章分别介绍了三类规则颠覆者——秩序破坏型、市场创造型、业务创造型。这三类规则颠覆者通过改写由价值链扩展而来的整个行业的业务链，构筑出新的竞争方式，改变了竞争的规则。然而流程改革型则不同。流程改革型并不改变盈利模式、产品或服务，而是着眼于构成价值链的各个流程，通过改造价值链来创造新的竞争方式。

那么，应如何改造价值链呢？流程改革型的成功案例当中存在几种不同方式。在此介绍其中最具特点的四种方法。

1.放弃。

2.强化。

3.混搭。

4.单一化。

接下来分别举例，具体分析这四种方法。

放弃——减法思维实现低价

"放弃"是指重估行业的常规服务和流程之后，断然放弃其中的一部分，从而创造出新的价值。该方法的特征在于采取减法思维，省略多余部分，专注必要部分，重新构筑价值链。

"超级酒店"（Super Hotel）以安全、清洁、舒适睡眠为卖点，在日本各地开办了很多连锁商务酒店，该酒店就是通过"放弃"取得了成功。在平均入住率约为60%的酒店行业，超级酒店的入住率高达90%，顾客重复利用率为70%，2014年度顾客满意度评选中获得商务酒店类别的第一名（据服务业生产协会调查）。

为顾客提供安睡枕等有利睡眠的物品、住宿附赠早餐、有天然温泉等是超级酒店的服务特色。而且超级酒店的住宿费用比较低（每晚4 980日元起）。那么超级酒店是如何实现如此低廉的价位的呢？

原因在于该酒店采用了减法思维。在超级酒店，入住手续都是自助办理。客人抵达酒店后，需要到酒店大厅的自助入住机处办理入住手续。客人办好手续后可以拿到房间号和密码，进入客房时要输入数字密码解锁。因为没有客房钥匙，所以进出酒店时无须到前台取钥匙和交钥匙。自助式入住手续意味着这一系列的流程都不再需要工作人员提供服务。

一般酒店是在办理退房手续时结算住宿费。然而在超级酒店，客人在办理入住手续时就已经全额付款了，退房时不需要再去前台办理。

减法思维省掉退房手续

超级酒店的客房与普通酒店也有一些不同之处。首先，房间里没有电话，因此不需要电话机和计费装置等设备，而且因为没有电话，也不用核算电话费。其次，客房里虽然有冰箱，但是冰箱里没有任何商品。这样就不用核算客人的额外消费。

在普通酒店办理入住手续后，由于存在一些可能会使客人产生其他消费的因素，所以退房手续必不可少。超级酒店消除了这些因素，客人就不可能产生其他消费。既然住宿费在办理入住手续时已经全额付清，入住期间又不会产生其他花费，那么退房手续也就根本不需要办理了。

通过省略退房手续，超级酒店成功实现了低成本运作。一般情况下，早上客人退房时普通酒店的前台最为繁忙，退房手续可以说是普通酒店前台业务的瓶颈（图5–2）。

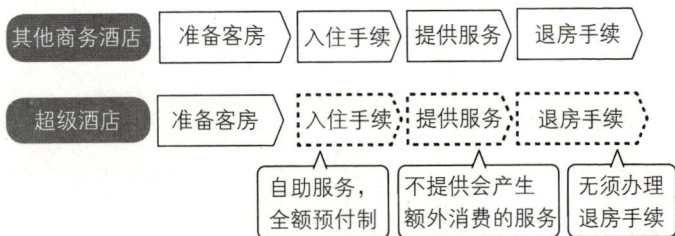

图5–2　省掉退房手续

像超级酒店这样省掉多余流程、专注于必要流程的案例还有很多。例如，1 000日元低价理发的先驱QB HOUSE连锁理发店也属于这个类型。过去，理发店往往提供全套服务，包括洗发、按摩、剪发、剃须等。然而并不是所有的客人都需要全套服务。QB HOUSE连锁理发店只理发，去掉了诸如洗发、剃须等其他服务，从而实现了较低的价格。

对于原有企业来说，采用减法思维的规则颠覆者非常难对付。因为放弃其他流程、专注于某个流程的做法不仅否定了原有企业长期构筑起来的经营资源，还有可能违背原有客户的需求。并且，这种集中打磨某个流程的做法也很难模仿。

强化——强化部分流程，实现差异化

"强化"与"放弃"相反，"强化"主张强化流程的某个部分，为顾客创造新的价值。

爱丽丝宝贝写真馆是一家在全日本设有多家分店的儿童照相馆。该店就是通过"强化"取得了成功。爱丽丝宝贝写真馆不同于市面上的普通照相馆，这里只提供"儿童摄影"这种专门服务（图5-3）。

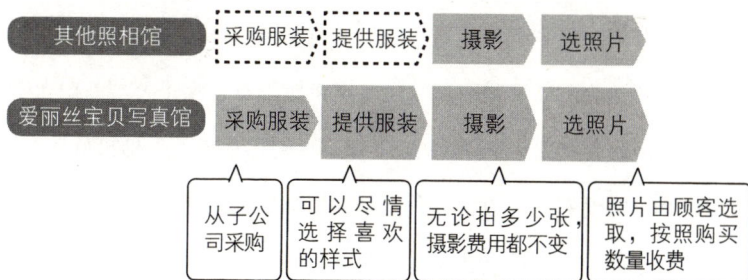

| 其他照相馆 | 采购服装 | 提供服装 | 摄影 | 选照片 |

| 爱丽丝宝贝写真馆 | 采购服装 | 提供服装 | 摄影 | 选照片 |

| 从子公司采购 | 可以尽情选择喜欢的样式 | 无论拍多少张，摄影费用都不变 | 照片由顾客选取，按照购买数量收费 |

图5-3　强化专门针对儿童的服务

爱丽丝宝贝写真馆提供的服装约有500套，从礼服、和服到卡通造型服饰、艺人经典搭配等，种类繁多，应有尽有。这些服装都可以免费使用，无论更换多少套，摄影费用都不变。为了使客人的卡通造型更加形象逼真，写真馆还会提供必要的设备和装饰品等。在普通的照相馆客人需要自己负责穿戴、化妆、做发型等，但在爱丽丝宝贝写真馆，这些都是免费提供的。

在其他照相馆照相时，父母需要负责帮孩子摆造型，逗孩子露出笑容，在爱丽丝宝贝写真馆则是由接受过训练的店员负责帮忙。尽管店员并非专业的摄影师，但是因为爱丽丝宝贝写真馆不限制拍摄数量，客人可以从大量照片中选出喜欢的打印，所以对专业程度的要求没有那么高。

收费结构简单易懂，由基本费用和冲洗费用构成。基本费用为3 000日元，顾客无论更换多少套服装，拍摄多少张照片都是3 000日元。冲洗一张203毫米×254毫米的照片的费用为4 900日元，也比较便宜（截止2014年12月）。

既然专门从事"儿童摄影"项目，就需要做好相应的准备。为了收集各种各样的服装，爱丽丝宝贝写真馆旗下有一家子公司专门负责开发、生产、供应儿童服装。并且为了能让非专业人士拍出好照片，该写真馆专门设有培训机构，负责培训店员拍照、穿衣、化妆，并且让店员学习引导小孩摆造型的技巧等。

创造新价值需要不被常识束缚的想象力

此外，还有一些案例通过打破行业常规，强化原有流程中的一部分取得了成功。

比如以静冈县为中心开展业务的骏河银行就是其中一例。骏河银行致力于优化个人业务，参考一流酒店的"金钥匙服务"，努力提升个人金融业务的服务水平，从而获得了成功。

具体来说，以往很多银行都不愿意向运动员、职业女性、外资企业职员、外国人等提供贷款。骏河银行则对这类人群的信用风险进行分析管理，为他们提供利率高于普通银行的贷款。骏河银行找到了一个市场缝隙，以其他银行没有的标准向无法从他行获得贷款的个人提供贷款，强化了面向此类人群的商品开发和经营流程。

上述企业强化了行业常识中普遍认为不该强化的流程，让原有企业难以应付。因为多数情况下它并不符合原有企业顾客的需求，而且原有企业依靠现有的经营资源很难应对此类情况，再者，强化部分流程需要一定的准备工序，所以要追上先行者不是那么简单。

混搭——组合不同商品，改变竞争维度

"混搭"是指把不同行业不同类型的产品混合在一起销售，用以增加魅力，刺激消费者的购买欲望。虽然组合的是现有产品或服务，但是如果在提供方法上用足工夫，就有可能创造出新的价值。

文化书店Village Vanguard把自己定位为"可以玩的书店"，在日本

各地设有分店。该店就属于"混搭"类型。Village Vanguard虽然是书店，但其内部陈设和街头常见的书店迥然不同。普通书店一般摆放的都是新书或畅销书等，而在Village Vanguard，除了图书以外，还用各种CD和杂货把空间填得满满的。乍一看去虽然有点像杂货店，但是通过把不同利润率的商品组合在一起销售，该店实现了较高的毛利率。

当然，这种把不同商品组合在一起销售的复合型书店并不罕见，但Village Vanguard在书店陈设上更加别具匠心。例如，该店会把汽车、摩托车、户外、音乐等某些特定类别的图书杂志放在一起，并在这片区域摆放与之相关的杂货或CD等，使图书和其他商品完美融合在一起。

例如，把某片区域的主题设定为海外旅行。围绕这个主题，该店不仅会摆放旅游杂志或相关图书，还会把外国的点心、适合在欣赏外国风景时听的CD也放在附近，甚至还会摆放存钱罐让顾客买来积蓄海外旅行所需的资金。卖场会从"海外旅行"这个关键词发散思维，联想到各种商品，将它们混搭在一起。

此外，Village Vanguard还会精心制作手绘海报，顾客经过店门口时常常被海报吸引。走入书店，整个卖场都会刺激顾客产生购买的冲动。这一点与普通书店截然不同，普通书店主要通过店铺选址和规模超越竞争对手，而Village Vanguard则给顾客带来有所期待或者为之心动的感觉。持续提供超出顾客期待的价值，是该公司能够维持生机活力的关键（图5-4）。

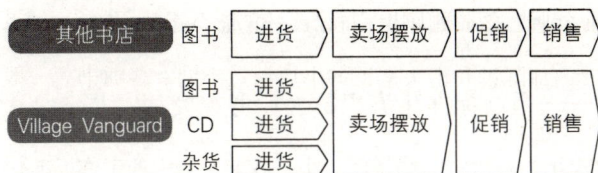

图5-4　组合不同商品

在不同维度竞争

"青木药局"是一家主要活跃在日本北陆地区①的连锁药店，该店也通过组合不同商品在吸引顾客方面获得了成功。青木药局不仅经营医药用品，还销售生鲜食品，使销售额得到了大幅提高。由于青木药局的食品价格非常划算，因而吸引了大量顾客。有的顾客在购买食品的同时会顺便购买一些利润率较高的医药用品等，这样就确保了药局的收益。

文化书店Village Vanguard与青木药局的相似之处在于，两者都打破行业常规，同时销售其他行业的商品，建立了不同的竞争维度。Village Vanguard不依靠选址和规模，而是靠卖场为顾客带来的乐趣取胜。青木药局虽然是药局，却依靠非医药用品吸引客源，增加进店人数和顾客的光顾频率。

在销售不同种类的商品时，需要有适合的进货渠道和卖场设计，这些不是一朝一夕就能实现的。此类规则颠覆者在不同维度展开竞争，

---

① 日本北陆地区包括新潟县、富山县、石川县、福井县。

因此原有企业无法施展优势，难以展开正面交锋。

单一化——通过标准化流程扩大业务规模

"单一化"是指将一些规模较小、专业性较强的工作标准化，在此基础上扩大业务规模，通过流程的标准化创造出新的价值。

让职业女性可以放心委托家务的家政公司Bears就属于"单一化"类型。该公司不仅能够代做家务，还提供房屋清扫、照看幼儿或儿童、照顾老年人以及针对商务人士的服务。Bears公司在努力提高服务品质的同时，还通过标准化的服务和明码收费的价格体系，创造了其他家政公司未能实现的价值。

为了管理服务品质，Bears公司为每个流程都制定了详细的标准（图5-5）。除了打扫卫生的方法和速度外，甚至连上门后的问候语、穿戴围裙的时间等各种服务细节都实现了标准化。Bears公司尤其重视家政服务人员与顾客的交流问题。因为就算服务水平再高，假如与顾客的沟通不够顺畅，也无法提高顾客的满意度。从进门到离开应该保持怎样的态度，公司都有详细的设计。而且Bears公司还有专门的监督员，监督员有时会突然出现，陪同家政人员一起上门，并对家政人员的服务品质进行评定。如果没有达到要求，就会要求服务人员重新接受培训。

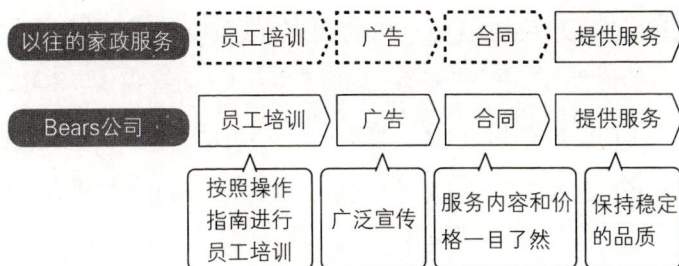

图5-5　流程标准化

以往的家政服务多为个人行为，一般与顾客签订针对个人的合同，服务品质因家政人员的水平而不同。这样一来，如果不是实际用过，就无法了解家政服务人员的业务水平。但是Bears公司则不同，该公司规定了详细的服务内容，价位也一目了然。

而且该公司雇佣的专业家政人员包含20～70岁之间的各年龄段人员，顾客可以按照自己的需要挑选合适的人选。过去的家政服务中，顾客要想找到合适的人员一般需要多方寻找。

公司若想保有多技能人才，需要进行长期的员工培训，并建立稳定的雇佣关系。为此，Bears公司非常重视员工对公司的满意程度，如果员工有什么问题或不满，公司都会认真解决。当员工对公司持有高度认同感时，其服务态度也会变得更加殷勤周到，并且离职率也会降低。

从分散型业务到规模型业务

日本二手书连锁店BOOKOFF同样属于"单一化"类型。

其他二手书店一般是由店主来决定二手书的收购价和售价，店主的判断力很大程度上左右了二手书店的利润大小。而BOOKOFF不同，虽然收购价会因二手书的种类不同而产生若干差异，但该店主要是根据二手书的外观来决定价格。如果是保存良好的二手书，原则上是按图书定价的10%收购。买入二手书后，书店会对图书进行清洁，然后按照定价的一半销售。如果上架后很久都未售出，或是相同图书库存较多时，该店会以100日元的低价销售。

通过实现收购业务和定价业务的简单化、标准化，让店员可以按照操作指南进行收购和销售，BOOKOFF很快发展为连锁经营。

当行业中出现一个以标准化服务为卖点、实现了规模化经营的规则颠覆者时，那些原本依靠个人能力开展小规模经营的原有企业很难做出反击。毕竟，如果不能实现服务内容的标准化、规模化，就无法让更多的顾客都体会到服务所带来的安心和信赖感。

▌应该聚焦于何处

改革流程需要做什么

前面介绍了"放弃""强化""混搭""单一化"这四种改革流程的方法。表5-2对此进行了简单的总结，并列举了相应的经典案例。

表5-2 四种方法引导流程改革获得成功

方法	特征	案例
放弃	放弃行业中被认为理所当然的标准流程	超级酒店、QB HOUSE连锁理发店、LiFeneT生命保险公司、Curves女性健身俱乐部、7-11咖啡、低成本航空公司（Low-cost Carrier，简称LCC）[①]
强化	强化部分流程	爱丽丝宝贝写真馆、骏河银行、青山花卉市场
混搭	组合不同商品	文化书店Village Vanguard、青木药局、唐吉诃德综合折扣店（Don Quijote）
单一化	实现业务内容标准化	家政公司Bears、二手书连锁店BOOKOFF、二手车交易公司Gulliver、公文教育研究会（KUMON）[②]

要想通过上述方法改造价值链，找到新的竞争方式，应该从哪些视点出发呢？其关键点如下。

1. 从顾客的角度看问题。

2. 多拳出击、组合发力。

3. 改变服务提供者。

4. 设置配套的业务模式。

---

① 低成本航空公司（LCC）中文亦称为廉价航空公司，是指比传统航空公司营运成本低的航空公司。例如中国的春秋航空、吉祥航空等，都属于低成本航空公司。

② 公文教育研究会（KUMON）是1958年成立于日本大阪的一家教育机构，以补习班教育著称，除日本以外在中国大陆、中国香港、中国台湾、韩国、美洲等国家和地区都有分支机构，中文一般称为"公文式教育"。

从顾客的角度看问题

从顾客的角度看问题是指从顾客的角度出发，重新评估现有流程。

如前文所述，流程改革型既不提供新的产品或服务，也不创造新的盈利模式，而是通过改造现有流程来创造新的价值。因此，更需要从以下的视点来考虑，比如"这个流程是否满足了顾客的需要？""是不是太优先考虑供方的需求和情况了？"还有可能有些流程在过去很有效，如今却因为外部环境的变化而变得功能不够健全。

餐厅、酒店、书店、家政服务等绝不是新生行业，但是却有许多企业通过流程改革取得了成功。这些成功者的共同点就是，根据顾客的需求对传统流程加以重新构筑。

例如，超级酒店一方面为了实现低成本经营而完全去除了多余的部分，另一方面提供各种措施为客人创造有助于实现"舒适睡眠"的条件。除了大床、可供选择的安睡枕、完美的隔音构造，超级酒店甚至成立了"安睡研究所"，专门研究实现舒适睡眠的方法。

促使该公司做出上述流程改革的根本原因就是"顾客视角"。商务人士在酒店内停留时间最长的地方就是床。既然睡眠占据了大多数时间，那就着眼于这一点，不断提高顾客在睡眠方面的满意程度。

总而言之，从顾客的角度重新评估现有流程是流程改革的关键。虽然现有流程往往被认为是理所当然的存在，但是如果其中存在浪费或者效率低下的环节，发现和解决这些问题就有可能带来新的商机。所以一定要从顾客的角度出发，看看顾客到底需要什么。

多拳出击、组合发力

上文分别介绍了流程改革的四种方法——"放弃"、"强化"、"混搭"、"单一化"。在实际运用时也可以把几个方法组合起来一起使用。企业可以按照自身的需要选择若干方法，多拳出击，组合发力，构筑出自己的业务。

例如，"我的系列"餐厅同时采取了"强化"和"放弃"这两种方法，一方面为客人提供一流的美食（强化），另一方面放弃全方位服务，让客人站着用餐（放弃）。

超级酒店与"我的系列"餐厅相同，一方面用自助服务取代了前台业务（放弃），另一方面采取各种措施提高客人的睡眠质量（强化）。文化书店Village Vanguard则在不依靠新书、畅销书吸引顾客（放弃）的同时，在书店摆放各种各样的非图书类商品（强化）。

改变服务提供者

为了对流程进行改革，有时需要改变服务的提供者。例如，把专业人士换为业余人士，或者专门配备超一流的人才，通过这些方法都能重新构筑价值链。

例如，传统照相馆一般要求摄影师必须是专业人士。然而在爱丽丝宝贝写真馆，则是由普通店员负责拍照。相反，"我的系列"餐厅专门雇佣一流的厨师，因此获得了顾客的青睐。

如上所述，通过改变服务提供者，可以重新评估整个价值链。假如改变服务提供者能够消除现有业务中的瓶颈，那么就能够创造出新的价值。

设置配套的业务模式

要想掀起流程改革，重整业务模式也非常重要。为了让新构筑的流程适应价值链，有效发挥作用，需要从整体上设置配套的业务模式，配合新流程的运作。

例如，文化书店Village Vanguard的最大特色体现在卖场的布置上，卖场布置得好坏与店员能力密切相关。为此，Village Vanguard花费了大量时间用于培养人才，传授用于保持并提高卖场布置水平的相关知识。

而且为了让卖场更富吸引力，需要把进货的权限分派给各个分店，要求店员充分发挥自己的想象力，灵活机动地参与卖场布置。只有把权限分派和人才培养结合起来，才能布置出充满魅力的卖场，让图书与相关商品有机组合在一起。

为了配合流程改革，爱丽丝宝贝写真馆也采取了一系列的配套措施。如由旗下一家子公司专门负责开发、生产、供应儿童服装，并且为了能让非专业人士拍出好照片，专门设有相应的培训机制。

总而言之，改革流程不是简单地改变其中一部分就行了，还需要配合整个价值链设置配套的业务模式。

第6章

原有企业的对抗方法

为何无法有效抵抗

未能把握顾客需求的变化

面对规则颠覆者的到来，为何众多原有企业节节败退，未能采取有效手段？原因当然有很多，在此列举其中的两个。

1.未能把握顾客需求的变化。

2.未能有效应对威胁本公司盈利模式的存在。

说到前者，第3章介绍的原有补习学校就是典型代表。代代木教室是一家采取传统模式授课的补习学校，最早是以高考落榜生为对象，在全国范围内使用超大教室进行授课。然而随着少子化的加剧和社会形势的变化，高考落榜生人数锐减，多数学生都能在当年考上大学。一方面落榜生生源减少，另一方面应届生希望能一边正常上学一边参加补习学校的课程。代代木教室未能把握应届生的新需求，其结果就是越来越难招到学生。2014年，代代木教室宣布改组措施，从

2015年起关闭27家分校中的19家。

与代代木教室相比，骏台补习学校和河合塾补习学校却保住了原有生源。这两所补习学校的生源是那些想要考入东京大学等知名国立大学或早稻田大学等私立名校的学生。此类生源虽然人数有所减少，但是骏台补习学校和河合塾补习学校却通过确保满足这种原有的需求得以站稳脚跟。而采取规模经营、瞄准所有落榜生的代代木教室却最先败北，退出了顶尖补习学校的竞争。

此外，近年来综合百货商场（General Merchandise Store，简称GMS）的销售额也出现大幅下降。例如伊藤洋华堂、永旺①、西友②、大荣③等知名综合百货超市都面临这个问题。其中最大的原因是服装销售额的锐减。如今，优衣库、SHIMAMURA、BEAMS、UNITED ARROWS等服装专卖店日渐兴盛，综合百货商场的服装卖场难以与之抗衡。

消费者的需求日益呈现两极化趋势，一部分消费者希望能买到既便宜又实用的商品，另一部分消费者希望能买到具有个性特色的商品。综合百货商场的服装卖场在营销策略、商品种类、价位设定等方面都无法满足这两类需求。

---

① 日本永旺集团（AEON）于2011年开始把旗下知名店铺品牌JUSCO（中文译名有两个：佳世客和吉之岛）和SATY统一改为"永旺"（AEON）。
② 西友原本是日本公司，2002年美国沃尔玛成为西友的最大股东。1980年西友曾开发出品牌"无印良品"，1990年把无印良品的经营权转让给"良品计划"公司。
③ 日本大荣公司由于经营业绩不佳被永旺集团收购，于2015年1月1日正式成为永旺集团的一员。

未能有效应对威胁本公司盈利模式的存在

有些企业未能找到合适的方法来应对威胁到自身盈利模式的竞争对手，例如任天堂就任由智能手机游戏一步步发展壮大起来。其实任天堂也意识到智能手机游戏的时代即将到来，而且假如任天堂试图涉足手机游戏，也具有充足的资金、能力和时间，然而任天堂却没能采取任何对策。这是因为面对智能手机免费提供游戏，依靠广告和游戏装备等获利的商业模式，任天堂未能找到有效的对抗手段。

与此类似的还有NTT DOCOMO的例子，该公司在导入iPhone业务方面远远落后于其他移动通信运营商。其实DOCOMO也和SoftBank（软银）一样，很早就开始研究导入iPhone的问题。然而DOCOMO迟迟没有采取行动，这是因为iPhone的商业模式与DOCOMO互不相容。

DOCOMO原本拥有属于自己的程序销售模式，即i-mode手机上网服务平台。用户使用i-mode对象机型购买程序，DOCOMO就可以从中获利。然而iPhone手机用户则全是通过苹果公司的App Store购买程序，两者势必互不相容。接受苹果公司的模式，意味着DOCOMO会损失大量的程序销售收入，变为只是向消费者提供电话线路和网络线路而已。

在上述例子当中，面对消费者需求的变化、新的产品或服务乃至新的盈利模式的出现，这些原有企业没能采取有效措施进行抵抗。那么，在面对这些难题时，原有企业到底应该何去何从呢？

对抗新兴势力的手段

前面章节分别介绍了四种类型的规则颠覆者。原有企业在保护自己现有业务时，同样也可以采取这四种类型的竞争方式（图6-1）。

不过需要注意的是，原有企业不宜采用与闯入本行业的新兴企业完全相同的竞争方式。因为对手就是在了解现有商业模式的基础上，采用足以破坏现有模式，或者是让自己难以发动反攻的战术来进攻的。因此，和对手采用相同战术——比如用秩序破坏型的竞争方式去对抗秩序破坏型决非良策。

	原有产品或服务	新的产品或服务
原有盈利模式	**流程改革型** 从消费者的角度重估立足点 • 野村证券的网络交易 • 小松制作所的康查士系统	**市场创造型** 增加新的产品或服务，或者发掘其他市场 • 大和运输公司的低温冷冻物流 • 贝立兹的商务英语教程
新的盈利模式	**秩序破坏型** 推翻现有盈利模式，改变业务定位 • 普利司通的轮胎翻新业务	**业务创造型** 经常无法成为有效的防守策略 • CCC的T-POINT积分卡 • 雀巢公司的多趣酷思胶囊咖啡机业务

图6-1 原有企业的防守策略

例如，当谷歌公司推出免费的办公套件谷歌文档时，微软公司倘若跟风把Microsoft Office也改为免费在网上提供，无论怎么看都不是上策。因为这会导致微软公司失去自己最大的收益来源，即Microsoft Office的销售收入。

因此，商场实战当中，应该在尊重自身现有业务的基础上找出适合自己的对抗方式。下文介绍一些相关实例以供参考。

▌采用流程改革型的战术进行对抗

发挥长项，重估价值链——野村证券

流程改革型对抗策略是充分发挥自己优势，重新构筑新的价值链。比如为了把客服做得更加周到，不仅设置客服呼叫中心，而且增添网上咨询服务，或者把现有服务划分得更为细致入微。

以日本最大的证券公司之一野村证券为例，面对网上证券的崛起，野村证券应该如何应对？假如把手续费降到和网上证券公司同等的价位，拥有多家分店及大量工作人员的野村证券很难解决自己的成本问题，只会陷入不利的状态。

对于做日内交易（day trading）的人来说，他们希望手续费能够尽量便宜。野村证券直接放弃这类顾客群体，任由他们选择网上证券公司。尽管放弃了一部分顾客，但是野村证券对优质客户却极为重视。因为优质客户不会只对便宜的手续费感兴趣。

　　为此，野村证券没有盲目效仿网上证券公司，基本业务仍然由分店和营业人员承担，至于分店无法开展的业务则交由网络办理，比如让客户能在周末及夜间查看股价，进行交易。野村证券当然也无须把股票交易手续费降至与网上证券公司相同的水平。

创造对手难以模仿的撒手锏——小松制作所的康查士系统

　　面对来自新兴国家竞争对手的低价攻势，小松制作所也采用了流程改革型战术与之抗衡。

　　由小松制作所开发的康查士系统（KOMTRAX）可以远程确认工程机械的相关情况。自2001年起，小松制作所开始在其销售的工程机械上安装康查士系统作为标准配置。到2011年4月，日本共有大约62 000台、全世界约70个国家有大约30万台工程机械装有康查士系统。康查士系统能够发送车辆的运转情况、机械零件的使用状态等信息，小松制作所将这些信息免费提供给客户。

　　小松制作所的盈利模式和以前没有什么不同，仍然是通过销售工程机械来获利。面对来自新兴国家竞争对手的低价攻势，康查士系统这个难以模仿的附加价值成为小松的制胜关键。

　　使用康查士系统可以远程监控客户工程机械的使用情况，预测工程机械的使用方式及耗材的使用状态，并在机械发生故障之前提醒客户维修机械或更换零件。该系统减少了机械的故障，提高了设备作业的效率。与其他公司相比，小松制作所的工程机械虽然价位偏高，但是性价比却更好。

流程改革满足顾客需求——TTN公司

有些行业发生了范式转移（paradigm shift），被认为已经走向衰退。然而即使是在这样的行业当中，也有一些企业能够顽强地存活下来。位于日本兵库县伊丹市的TTN就是一家这样的公司。

TTN公司的前身是一家很普通的榻榻米商店，名叫"畳福"。由于日本市场对榻榻米的需求不断减少，TTN公司的业务一度难以继续。据说近15年来，榻榻米市场的需求已经减少了一半。面对榻榻米行业的整体颓势，TTN公司认真倾听顾客的声音，注意到有的顾客称"如果晚上能上门更换，就愿意下单购买新的榻榻米"。TTN公司通过努力满足顾客的需求，最终成功地存活下来。

要求晚上更换榻榻米的顾客是一家餐饮店。之所以希望晚上更换，是因为"白天更换就无法营业，会损失一天的营业额，晚上停止营业之后施工则不会造成影响"。

然而传统的室内施工企业无法在短时间内更换数十张榻榻米。2002年以来，TTN公司专门进行设备投资，努力实现专业化分工和大规模生产，终于成功地实现了24小时随时应对机制。

得知这个消息后，餐饮店和居酒屋等店铺纷纷大批量下单。虽然属于夕阳产业，TTN公司却高速发展起来。2013年，TTN公司的营业额

---

① 1934年"畳福"正式创办，后来也改叫过其他名称，1993年改名为TTN公司。

高达62亿日元，成为榻榻米行业的龙头老大。

TTN公司获得成功的原因如下：其一，改造生产体系，即制造流程，短时间内即可大量生产榻榻米；其二，改变销售及施工流程，深夜也能上门更换榻榻米。这正是典型的通过流程改革进行对抗的案例。

坚守本行，重估流程——北村相机连锁店

另一个经典案例是北村相机连锁店。北村相机连锁店原本主营相机销售和胶卷显影冲洗业务。数码相机的普及让北村相机连锁店被迫面临生死存亡的危机。数码相机的普及意味着胶片相机逐步退出人们的生活，如此一来，胶卷显影及冲洗业务自然难以为继。

面对这一困境，北村相机连锁店决定开展数码相机照片打印业务。该店大规模引进操作简便的照片打印设备，让数码相机用户能够轻松打印照片，从而获得了消费者的青睐。

当然，有人使用家里的打印机打印照片，也有人把照片存在电脑或手机里，平常不打印照片。不过也有些人愿意在店里自己操作机器打印照片，还有人愿意大量打印照片用以保存。北村相机连锁店正是抓住了这类消费者的需求。

上述案例中的企业都没有转移到其他领域，而是继续经营自己的本行，通过重新审视消费者需求及自身流程（价值链），成功地创造出了新的模式。

采用市场创造型的战术进行对抗

深化原有商业模式——JR东日本公司的站内商业开发

市场创造型对抗策略有二。其一，充分利用原有商业模式，根据环境变化提供新的产品或服务。其二，不和新的竞争对手在同一层面展开竞争，转换市场，发掘新的生机。

以JR东日本公司（东日本旅客铁道，通称"JR东日本"）为例，该公司大规模加强流通业务的开发，带动了整个公司的增长。

JR东日本公司其实很早以前就已开展零售业务，站内设有小型商店（如KIOSK车站售货亭），此外还有车站大楼型商场（如LUMINE商场）等。然而在日本人口减少的大前提之下，只是作为附属服务而存在的零售业务，或者选址在车站附近的租户依赖型业务，都有其局限性。在这样的背景之下，JR东日本公司注意到了车站里面的商机。车站内部存在不少空地，每天站内人来人往，这些条件都有利于站内商业开发。由此产生了站内购物中心ecute，例如位于东京都品川站和立川站、埼玉县大宫站的ecute等都是其中的典型案例。

车站不再仅仅作为交通设施用于出行，同时还要作为商业设施，让人们停留更久，消费更多。这正是JR东日本公司经营站内商场的动机。站内商场的商铺各有特色，并非都由JR东日本公司直营。随处可见深受年轻女性喜爱的知名品牌，而且商铺外观及内部装潢完全不逊于大百货商场。通过这一系列的举措，JR东日本公司的站内商场成功获得消费者青睐。

此外，将原有的KIOSK车站售货亭逐渐改为便利店，车站附近甚至开展托儿所业务等，为人们的生活提供了更多便利。

总而言之，JR东日本公司的盈利模式没有发生变化，依然靠销售产品或服务获利。但它成功吸引了过往行人在车站内停留消费，某种意义上是创造了新的市场。在市场创造型企业创造出的市场当中，有一些对于该企业来说是新的市场，但是在其他地方或许已经有过先例。

深化原有服务——大和运输公司的低温冷冻物流

如今，日本的上门取件配送行业里已经涌现了不少竞争对手，例如日本通运（NIPPON EXPRESS）、佐川急便（Sagawa Express）、日本邮政（Japan Post）等。在价格战日益激烈的这个行业，大和运输公司选择采取的也是市场创造型战术。

该公司开发了"低温冷冻物流"业务。这项业务虽然与其他快递配送服务的盈利模式相同，但却提供了新的服务，即在整个运送过程严格控制温度，确保容易腐败的食品以及需要保鲜的蔬菜等不会因为高温而变质。

要实现这一点，不是只要用冷冻车运送就能轻易办到的。从接单到储存、配送，所有流程都必须保持低温。因此，"低温冷冻物流"需要巨额的设备投资，这一点构成了其他公司的入场壁垒。

现在虽然有一部分公司开始跟风经营"低温冷冻物流"业务，不过大和运输公司也在不断尝试开发新的业务、创造新的市场。该竞争策略让大和运输公司得以确保自己作为行业领头羊的稳固地位。

以上都是通过开发新的产品或服务来创造新市场的案例。

除此以外，还有一些案例是通过开发新的顾客群体来创造新的市场。

开拓新的顾客群体——尤妮佳公司的成人纸尿裤

随着日本人口出生率的降低，婴儿数量也在减少，在日本，纸尿裤市场一度被认为必然走向衰退。面对这一时代背景，作为生产卫生巾和婴儿纸尿裤的巨头，尤妮佳公司（Unicharm）将视线转向成人纸尿裤市场。

其实之前也有公司生产销售成人纸尿裤，但是规模都比较小。尤妮佳公司则从商品研发到销路拓展、市场调研等，每一步都精心准备。最终，尤妮佳公司成功开拓出成人纸尿裤的新市场，创造出了很高的销售额。

看到这里，有人或许会想当然地认为成人纸尿裤只是在尺寸上比婴儿纸尿裤大一些罢了。其实不然，婴儿纸尿裤与成人纸尿裤是两个截然不同的业务。

例如，成人纸尿裤的销售渠道与婴儿纸尿裤不同，需要从头开始去开拓医院、疗养院、邮购等销售渠道。不仅如此，宣传手段也与婴儿纸尿裤不同。婴儿纸尿裤一般是在电视上投放广告，但是成人纸尿裤的宣传手段则需要更脚踏实地的活动。

从商业模式的角度看来，尤妮佳公司仍然通过研发、销售纸尿裤获利。然而该公司开拓出了新的顾客群体，从而成功创造了成人纸尿裤这个新的市场。

错开竞争平台——贝立兹语言培训机构的商务英语教程

如今，有不少语言培训机构推出每月定额制低价语言培训课程，利用互联网进行授课。日本的知名语言培训机构贝立兹（Berlitz）也遭遇了低价攻势。考虑到单一的语言课程很难与低价竞争者抗衡，贝立兹决定开展新的业务，教授国际商务活动中需要用到的英语，即商务英语课程。

这项举措让贝立兹得以把竞争平台从语言培训调整为商务教程，有效避开了其他语言培训机构的低价攻势。不过从另一个角度来看，该举措意味着贝立兹将和其他商业学校等展开竞争。

虽然目前还无法确定贝立兹能否取得成功，不过这种竞争方式很巧妙，有效地错开了竞争平台。

尤妮佳公司因为主要顾客群体逐渐缩小，选择了开拓新的顾客群体。贝立兹语言培训机构因为原有顾客被新竞争对手抢走，选择了寻找新的顾客、提供新的价值。

换句话说，市场创造型的对抗策略是逃跑战术。当企业难以依靠原有业务展开防御时，可以选择在现有业务的基础上添加新的产品或服务。成功的关键在于能从现有经营资源中发掘出多少价值。

另外，有的企业在利用自身经验的基础上选择挺进其他市场。然而由于这种情况下无法利用到自己的原有顾客和现有经营资源，因此其风险也相应地比较高。

▍采用秩序破坏型的战术进行对抗

普利司通的轮胎翻新业务

秩序破坏型对抗策略是，推翻自己的商业模式，构筑新的盈利模式。对于原有企业而言，该方法极有可能破坏自己的盈利模式，可以说是一剂"猛药"。

比如普利司通公司如今正在开展轮胎翻新业务。有一些快到使用期限的轮胎，磨损比较严重。普利司通公司把轮胎表面的橡胶剥掉，然后贴上带有沟槽的新橡胶，看起来就和新的轮胎一样。这种翻新后的轮胎被普利司通公司投放到市场进行销售。作为轮胎生产厂家，普利司通公司的这项业务无疑会减少新轮胎的销量。

那么，普利司通公司为何要开展轮胎翻新业务呢？

这是为了对抗新兴的竞争对手。因为在此之前，有些企业已开始经营轮胎翻新业务。也就是说，普利司通公司即使不开展轮胎翻新业务，新轮胎的销量还是会受到影响。并且，如果由其他公司来翻新普利司通的轮胎，万一做得不好，导致轮胎磨损过快或者爆胎，反而会影响到原轮胎生产厂家普利司通的声誉。

既然如此，还不如普利司通公司采用本公司的高超技术和优质材料，由本公司的员工进行轮胎翻新。这样一方面可以为顾客提供更好的性价比，另一方面还能保证市场占有率。

对于消费者来说，由普利司通公司翻新普利司通的轮胎当然好处很多。消费者可以向普利司通咨询轮胎的更换时机及使用方法等方面的问题，排除故障，从整体上降低成本。

把浏览器设为免费的微软公司

微软公司曾经采用秩序破坏型战术取得胜利。那是在互联网普及初期，微软公司正在和网景通信公司（Netscape Communications Corporation）争夺浏览器的霸主地位。当时，新兴的软件公司网景通信公司在市场占有率上具有绝对优势。为了与网景争夺浏览器霸主的地位，微软公司采取的策略是把IE浏览器设为免费，并且把浏览器和操作系统捆绑起来一起销售。如今，免费向消费者提供软件及服务，然后从其他方面获得利润的模式并不稀奇，然而在那个时代，微软可谓是采取了划时代的战术。

现在网上有很多程序都可以免费使用，可是微软公司的Microsoft Office却还没找到合适的应对策略。

Microsoft Office过去一直采取一次性付清的收费方式，购买后不会再发生新的费用。然而现在，随着互联网的普及，有些软件不必安装到电脑上，只要把它们放在服务器上，需要的时候随时都可以使用。而且这些软件还是免费的。谷歌公司推出的免费办公套件谷歌文档就是其中的代表。

另外，还出现了OpenOffice和KINGSOFT等软件，和传统的办公软件一样，都要安装到电脑上使用。但是它们的费用很低，有的甚至是免费的。

现在，Microsoft Office的收费方式在上述两种模式之间左右摇摆。面向企业用户，微软公司推出Office 365，该软件以云平台为基础，每月通过网络收取使用费。至于面向个人用户，微软的立场尚未明确。Word文档和Excel表格等的部分功能为免费，不过完整版需要购买密钥进行激活。

特别是用于智能手机的微软办公软件，其竞争策略尚不明确。之前微软公司虽然宣称用于iOS系统（苹果公司的移动操作系统）的Office软件将变为免费，但是完整版仍然需要付费。此外，目前还不清楚用于安卓系统的Office软件又将何去何从。微软公司似乎正在摸索当中。

奔驰公司开展汽车共享业务

在日本，Times24公司和欧力士公司（ORIX）等正在积极拓展汽车共享业务。不过在国外有些地区，汽车共享早已融入市民的日常生活。

比如美国的网上汽车租赁公司Zipcar及欧洲的Car2go公司等。顺便说一句，Zipcar公司目前是世界上最为成功的汽车共享企业。自2000年创办于美国以来，截至2014年，Zipcar公司已经在全球拥有将近100万名会员和1万多辆汽车。

Zipcar公司的收费方式如下：成为会员后只需每月支付几十美元的会费，就可以在自己需要的地点找到汽车，以每小时6～10美元的价格租用，这些钱包含油费和保险费，参加汽车共享就不必使用汽车租赁或出租车了。2013年，Zipcar公司被汽车租赁巨头AVIS公司以约合500亿日元的价格收购。

另一方面，Car2go公司以德国为中心开展汽车共享业务。公司已有12 000辆汽车，大多数车型是两座微型车"Smart"①。而且该公司还引进了1 000多辆电动汽车。

Car2go公司与Zipcar公司采用相同的运作模式。不过非常特别的一点是，该公司是由生产奔驰汽车的戴姆勒集团（Daimler AG）于2009年100%出资创办。按理说，推广汽车共享会导致汽车销量下降。然而戴姆勒集团作为汽车制造商却专门创办汽车共享公司，积极推进汽车共享业务。

或许在戴姆勒集团看来，与其让其他汽车共享公司抢走市场份额，还不如亲自参与汽车共享行业，在这个市场分一杯羹。并且，汽车公司常常被世人指责污染环境。通过汽车共享提高以电动汽车为主

---

① "Smart"是隶属于戴姆勒集团（Daimler AG）的微型车制造商。

的汽车利用率也能够起到良好的宣传效果，提升戴姆勒集团的形象。再者，Car2go公司的主要车型之所以是微型车"Smart"，恐怕是考虑到防止引发自相蚕食（cannibalization），阻碍戴姆勒集团其他高档车型的销售。

不论是何种原因，汽车制造商不专注于汽车的生产和销售这一本业，而将触手伸向汽车共享市场，从这点来说，可以说是秩序破坏型的竞争方式。

富士胶片的数码相机事业

前文曾经指出，秩序破坏型战术可谓是一剂"猛药"，一旦没用好恐怕就会伤及自身。例如富士胶片公司（Fujifilm）的数码相机事业。

富士胶片当年曾是日本第一的胶片生产商，在世界市场上也可以与柯达一争高下。20世纪90年代，数码相机刚刚出现。在这个时候，一般的做法是要么阻止数码相机的普及，保护胶片利润，或者也可以什么都不做，任由数码相机发展。然而富士胶片居然选择自己生产和销售数码相机。

当时就连相机制造巨头佳能都还没有正式决定开发数码相机，由此可见，富士胶片下了非常大的决心。"即使会减少对本公司主力业务胶片的需求也在所不惜，关键要在新领域成为领军企业。"

另外在胶卷行业中，比起胶卷的销售收益，其实胶卷显影及冲洗等相关项目的收益更大。显影液和相纸的销售利润相当可观。这与打印机和专用游戏机的盈利模式类似，都是机器本身不贵，但是后续市场却能带来较多的利润。

与此相反，数码相机行业单纯是靠相机本身获利。富士胶片最初打入数码相机市场时，曾经一度占据最大的市场份额。然而好景不长，佳能、索尼、卡西欧、松下等电子产品制造商纷纷涉足数码相机行业，富士胶片未能保持领先地位。富士胶片宁愿推翻自身商业模式也要开发数码相机，可惜最终却未能取得成功。

不过，通过开发数码相机，富士胶片得以摆脱了对胶片行业的依赖。从这点来讲，富士胶片取得了成功，顺利实现公司的整体变革。

综上所述，秩序破坏型对抗策略容易对原有企业的商业模式造成不良影响，甚至导致自身商业模式的崩溃。因此在实施之前务必深思熟虑。不过有些时候，业务环境的急剧变化势必会破坏原有企业自身的盈利模式。既然迟早会有其他公司威胁到自身存亡，不如自发改变业务定位，尝试新的挑战，努力寻找生机。

是否采取秩序破坏型对抗策略，需要仔细权衡两个问题。其一，"本公司受到了多大的威胁？"换言之，"有没有可能短短几年内销量骤减，整个业务走向衰亡？"其二，"采用新型盈利模式能带来多大的利益？"应该把两个问题放在天平上进行衡量，做出最有利的选择。

▌采用业务创造型的战术进行对抗

业务创造型无法守住本业

理论上讲，业务创造型是用新的商业模式创造新的市场，也可以作为一种对抗策略。然而现实中，业务创造型很难作为对抗策略起到防御作用。

当然，有些传统行业已经走向成熟，再怎么成长也有极限。还有不少原有企业因为被新对手不断进逼，不得不发展新的业务。然而大多数情况下，纵使新业务进展顺利，也会由于与原有业务毫无关联，几乎无法起到保住原有业务的作用。

以DHC（蝶翠诗）的化妆品业务为例。作为一家邮购化妆品的公司，DHC取得了巨大的成功。其实DHC这个名字取自"大学翻译中心"用罗马字母表示的日文发音的首字母，该公司创办之初是以翻译作为主要业务的。可是后来DHC的化妆品业务蓬勃发展，如今该公司因化妆品而为世人熟知，却很少有人了解翻译业务，只能从DHC这个品牌名称中找到翻译业务曾经存在过的一丝痕迹。用管理学术语来讲，DHC采取的就是"非相关多元化战略"（又称"离心多元化"）。新业务因为无法利用原有业务的经营资源，所以也被称为"降落伞型新业务"。

DeNA公司的游戏业务同样堪称"降落伞型新业务"。其实该公司最早的业务是一个名叫"BIDDERS"（现名"DeNA SHOPPING"）

的拍卖网站。时代变迁，手机上网取代电脑上网成为时代潮流时，BIDDERS抓住这个机遇，一举获得了成功。不过好景不长，现在BIDDERS已经有些衰落，远逊于雅虎拍卖和亚马逊等。后来，DeNA公司开始运营手机社交游戏平台"梦宝谷"（mobage）。尽管梦宝谷在世界范围内取得了巨大的成功，然而遗憾的是，其成功没有给BIDDERS网站带来任何好处。

综上所述，即使采用业务创造型战略成功开展出新的业务，大多数情况下也不能帮助原有业务重新崛起。毕竟新业务的产品或服务对于公司来说是全新的领域，盈利模式也不同于原有业务。因此，新业务基本上无法利用公司原有的经营资源，成功要素也截然不同。

因此，很难在保住原有业务的同时创办新的业务，让新业务有效强化原有业务或者起到防御作用。因为在两个方面都缺乏优势，创办新业务意味着从零开始，同样需要付出巨大的努力。

选择用业务创造型战术抗衡，还必须保住原有业务，这就好比打仗时把一半士兵派出城门作战，留下一半的士兵肩负守城的重任。这种情况下，要想守住城池就必须在外出作战中取得胜利。

采用业务创造型战术保住原有业务的案例较为少见，在此介绍两个成功案例。

CCC的T-POINT积分卡

CCC公司（Culture Convenience Club，中文直译"文化便利俱乐

部"）的主打业务是"TSUTAYA"音像出租连锁店。然而现在这个时代，人们利用互联网即可轻松收听音乐和收看视频，其结果就是原有的音像出租业务很有可能走向衰落。

为此，CCC公司增添了不少服务项目用以维持出租业务。例如，想租DVD可以在网上申请，DVD会直接寄到家里。此外还有网上观看视频等服务。并且店面陈设方面也不断发展，从原有的图书与音像制品复合店，逐渐尝试变为让顾客能够放松休息的书店。

不过，CCC公司最为独特的业务是T-POINT积分卡业务。该业务充分发挥了TSUTAYA的经验，对会员信息进行详细分析。TSUTAYA原本就很擅长管理会员信息，根据会员的光顾频率赠送打折券，吸引会员再次消费。还会在不同地区开展不同的宣传活动。并且，TSUTAYA还会根据购买履历来分析会员对哪方面的题材感兴趣。考虑到这种分析信息的能力可以应用到其他行业，CCC公司决定拓展T-POINT积分卡业务。

许多企业为了招揽顾客，计划采用或已经采用积分卡制度。T-POINT积分卡将多家企业的积分变为通用积分，代替这些企业开展积分卡业务。加盟T-POINT积分卡业务的企业无须亲自建立顾客管理体系，即可招揽到T-POINT积分卡的用户，从而与对手企业拉开差距。在消费者看来，每家店各有一张积分卡的话，积分速度会很慢，而T-POINT积分卡可以在多家企业通用，累积速度更快，积分的适用范围也更广。

因为上述优点，T-POINT积分卡等通用积分卡业务迅速得到发展。除了T-POINT积分卡以外，还出现了Ponta积分卡、乐天超级积分卡等通用积分卡。

通用积分卡并不仅仅用于招揽顾客。CCC公司充分发挥自身优势，对会员的购买行为进行详细分析，并将分析结果作为市场信息销售给会员公司。T-POINT积分卡共有4 800万名会员，有70%的20～29岁青年持有T-POINT积分卡。也就是说，CCC公司某种程度上可以相当精确地把握消费者，特别是年轻消费者的消费倾向。

T-POINT积分卡的服务内容和盈利模式虽然与TSUTAYA截然不同，但是两者存在密切的联系，即T-POINT积分卡灵活利用会员信息促进了TSUTAYA的市场分析这项本业的发展。虽然是性质完全不同的新业务，却对原有业务产生了积极的影响，这种案例非常罕见。

雀巢公司的多趣酷思胶囊咖啡机业务

还有一个案例是雀巢公司，该公司长年以来在日本速溶咖啡市场占有最大份额。然而如今，越来越多的人选择喝普通咖啡而非速溶咖啡，罗多伦和星巴克等咖啡店随处可见，家庭用速溶咖啡已经不再流行。

在此背景之下，雀巢公司也不得不为了守住市场份额而销售普通咖啡，甚至扩大普通咖啡的生产销售规模。

假如雀巢采取和速溶咖啡相同的销售手段，把咖啡豆装袋在超市等销售，或许也能够卖出去一些。但是这就和竞争对手的策略重合了。

对于雀巢来说，这种做法虽然也是在创造市场，但是恐怕胜算很小。

因此，雀巢选择大规模改变商业模式。不在咖啡豆的销售方面下功夫，而是先销售普通咖啡专用咖啡机——多趣酷思胶囊咖啡机（Dolce Gusto），将咖啡豆装在与咖啡机配套的胶囊里销售。

这一策略具有若干优点。因为是专用咖啡机，其他公司生产的咖啡胶囊无法配套使用。这样一来，就能独占本公司咖啡豆的市场需求，价格设定上也会比较自由。

其实多趣酷思胶囊咖啡机相当于一个"诱饵"。没有必要从咖啡机的销售上获得太多利润，因此咖啡机的价格设定得相当便宜。这就和打印机比较便宜、墨盒却比较贵是同样的道理。

在消费者看来，以前是全家喝同一种口味的速溶咖啡，现在用胶囊咖啡机烹制咖啡则可各自选择喜欢的口味。

雀巢有实力同时生产销售咖啡机和咖啡，这为"双剑合璧"的实现创造了良好条件。多趣酷思胶囊咖啡机业务不仅让雀巢创造出了独树一帜的商业模式，而且为家庭用户提供了喝咖啡的新方式，因而成功地扩大了市场。

这正是业务创造型对抗策略。

再者，速溶咖啡和普通咖啡的原料都是咖啡豆。雀巢是世界上购买使用咖啡豆最多的厂家。销售普通咖啡能够继续巩固该公司的这个行业地位，也起到了保护原有业务的作用。

上述两家公司都在发展本业过程中积累了大量经验，这些经验在新业务当中也得到了充分利用。具体而言，CCC利用了分析会员信息的方法，雀巢则利用了咖啡豆的烘焙、饮用等方法，以及咖啡机等相关器具的制造工艺。这两家公司都在横向运用现有经验的同时，涉足了不同的市场，而且采用新型盈利模式获得了成功。此类案例实属罕见。

▌首先要看透对手的战术

上文指出，原有企业作为防守方可以采用四种规则颠覆者的战术展开对抗。首先应搞清楚进攻方使用的是何种战术，是流程改革型，还是秩序破坏型？是市场创造型，还是业务创造型？先看透对手的战术，然后再选择自己的对抗策略，这样才能获得最好的效果。

下面总结了不同情况下的对抗策略。另外需要注意的是，如前文所述，不论对手采取哪种手段进攻，倘若采用业务创造型战术进行应对，恐怕都很难起到直接的防御作用。

如果进攻方是流程改革型

当进攻方是采用不同流程的流程改革型时，虽然防守方可以直接模仿进攻方的策略，但是，进攻方大多情况下是针对防守方的流程弱点进行改革，倘若直接模仿进攻方，恐怕会让自己陷入不利局面。

最稳妥的对抗策略是采用市场创造型的战术，即灵活利用自身优势，在周边领域找到新的市场（产品及顾客）。

此时采用秩序破坏型的战术进行防御，有可能会导致不得不放弃自己的优势，最好不用。

如果进攻方是市场创造型

如果进攻方是创造新市场的市场创造型，最简单的防守策略也是市场创造型。因为防守方大多在相同领域拥有足以抗衡的经营资源。

不过，倘若进攻方创造的新市场有可能夺走防守方的市场需求，防守方就需要重新审视自己的业务流程，即通过降低成本、改革业务，把损失控制到最低范围。这种情况下，采用流程改革型的对抗策略会比较有效。

面对市场创造型的冲击，不宜采取秩序破坏型对抗策略，因为有可能会使自己的业务成为竞争的牺牲。

如果进攻方是秩序破坏型

秩序破坏型是非常难对付的竞争对手，如果有可能的话，防守方根本不想和秩序破坏型敌对。可是防守方的业务极有可能被秩序破坏型逐步蚕食或迅速抢夺，因此必须找到相应的对策。

面对这种情况，流程改革型的对抗策略最为糟糕。因为，防守方的盈利模式已经被进攻方瓦解，应该意识到依靠目前的商业模式是难以抵御的。

此时最安全的做法是采用市场创造型的对抗策略，即错开竞争平台，在别的市场战斗。如果非要守住原有市场，也可以和进攻方一样，采用秩序破坏型的战术。普利司通的轮胎翻新业务就是一例。

如果进攻方是业务创造型

前面介绍了防守方应如何对抗秩序破坏型的进攻。如果进攻方是业务创造型，防守方最好也采取和上文一样的对抗策略。因为业务创造型和秩序破坏型一样，也会破坏传统的盈利模式。如果盈利模式还和以前一样，即使与进攻方展开竞争，恐怕也会陷入不利局面。

虽然也可以采用秩序破坏型战术与进攻方在同一平台对抗，但是这种做法的风险太大。市场创造型的对抗策略才最具可行性，避开同台竞争，转而开辟新的市场。不过相对防守方来说的新市场，对于有些企业而言则是原本就存在的。那些企业很早就开始经营这个市场，防守方作为后来者已经失去了先机。因此，防守方在决意开辟这个市场的时候，最好选择能够发挥原有业务经验的领域。

表6-1总结了不同情况下的防守策略。

表6-1　不同情况下的防守策略

		防守方的策略			
		流程改革型	市场创造型	秩序破坏型	业务创造型
进攻方的策略	流程改革型	不要直接模仿	有效	不宜	—
	市场创造型	有效	有效	不宜	—
	秩序破坏型	不宜	有效	可行，但风险高	—
	业务创造型	不宜	有效	可行，但风险高	—

▌承担风险，选择胜算更高的对抗策略

进攻方因为刚刚入行，往往不担心自己会失去什么。可是防守方却比较困难，需要顾及很多。前一节总结了针对不同进攻类型的防守策略，其实防守方的应对方式可以分为四类。

1. 无视对手，任其发展。

2. 正面交锋。

3. 以己之长攻彼之短。

4. 错开竞争平台。

无视对手，任其发展

最简单的应对方式是无视进攻方的逼近，任其发展。但是这种做法风险极大。

本书开头介绍的任天堂的案例就属于这个类型。在竞争规则不断变化的领域，凭借一成不变的竞争方式很难持续获得和以前一样的高收益。

欧洲汽车制造商也因为无视行业动态，结果在混合动力车的开发业务方面大幅落后。

过去，欧洲业界普遍认为，电动汽车和燃料电池汽车才是环保汽车的终极形态。在他们看来，使用汽油的混合动力车采用的不过是过渡性技术罢了。

然而事实上，仅丰田公司的混合动力车，销量就已经超过700万辆。如今，全球的混合动力车市场已经相当庞大，各公司合计将近1000万辆。现在混合动力车可谓是环保汽车的主流。在此背景之下，长期无视混合动力车，以柴油车为主打的欧洲汽车制造商，也不得不转而研发混合动力车。可惜欧洲汽车制造商起步太晚，目前远远落后于丰田和本田。另外，混合动力车的动力源由内燃机和蓄电池构成，该技术也可以应用于同时使用燃料电池和蓄电池的燃料电池汽车。

总之，无视对手，任其发展会令防守方承担极大的风险。

正面交锋

那么，直接从正面进行对抗又会怎样呢？普利司通就是采取了正面交锋的方式，推出了轮胎翻新业务。

目前还无法判断普利司通的轮胎翻新业务是否成功。与其被其他公司抢走市场份额，不如自己行动起来，这与"无视对手，任其发展"的策略截然不同。推出轮胎翻新业务后，轮胎销售再也不是一锤子买卖了，轮胎翻新业务如果能让"一锤子买卖"的轮胎销售变成对轮胎进行"综合管理"的业务，就能增加普利司通的市场份额。或许就算新轮胎的销量减少，总体利益却有可能增加。

此外，富士胶片的数码相机业务也属于正面交锋策略。遗憾的是，虽然富士胶片一度取得了成功，如今却陷入苦战当中。现在，该公司选择放弃小型数码相机，专注开发高端数码相机。

比起无视对手，任其发展或者一直观望，正面交锋可谓是比较现实的应对方式，但是这种方式的风险也很高。

以己之长攻彼之短

以己之长攻彼之短是指不从正面直接对抗，而是利用自己的强势去攻击对方的弱点。例如，野村证券的网络交易和小松制作所的康查士系统就是这种类型的典型案例。

野村证券虽然推出了网络交易，但没有与网上证券公司正面交锋。野村证券的经营资源相当丰富，拥有大量的分店和人才。相较而言，网上证券公司缺乏这些经营资源，反而能够轻松降低成本。成本较高的野村证券如果参与到价格战当中，恐怕毫无胜算。因此，虽然野村证券也推出了网络交易，但这只是为了让服务更加周到，起到锦上添花的效果。也就是说，网络交易被野村证券视为继续笼络优质客户、防止优质客户流失的辅助手段。

小松制作所的对抗策略也很相似，该公司的康查士系统可以获得大量信息，这些信息被广泛应用于工程机械的售后服务及零件更换等业务。不仅其他公司无法轻易模仿，而且对于顾客来说，康查士系统的服务内容附加价值极高。

小松制作所把自己的独到之处当作武器，在价格战日益激化的行业里发起了"非价格竞争"。今后，该公司还将继续提高工程机械的IT化程度。

以己之长攻彼之短是一种非常有野心的对抗策略。一方面不与来势汹汹的竞争对手正面交锋，同时又努力避免顾客的流失，是非常聪明的对抗策略。

错开竞争平台

当原有企业遭到攻击时，可以选择正面交锋，也可以以己之长攻彼之短，还可以错开竞争平台。

前文中介绍的贝立兹语言培训机构就选择了避开对抗、错开竞争平台的做法。面对竞争对手的低价攻势，贝立兹没有正面迎战，而是把竞争平台转移至商务教育领域。

除此以外，永旺集团的迷你食品超市"My Basket"也采取了相同的对抗策略。迷你超市My Basket的店铺面积与24小时便利店差不多大。由于永旺集团已经错失24小时便利店的发展先机，其综合百货商场的销量也大幅下滑，My Basket的出现正是基于错开竞争平台、发掘市场的想法。

上述四类应对方式中，"以己之长攻彼之短""错开竞争平台"都是比较现实的应对方式。无视对手，任其发展和犹豫旁观只会让自己面临更加恶劣的竞争环境。如果想从正面直接进行对抗，则必须具备扭转劣势的实力。假如不论选择哪种策略都难以规避风险，那就选择胜算更高的策略，切忌"自杀式袭击"。

结语——谋变求存

纵观经济局势，跨行业竞争不断激化，想必未来还会变得愈加激烈。从这点来看，现在这个时代，一切都有可能发生。

人们常说，谋变方能求存。不过这并不意味着，只要变化就能存活下来，现实没有那么简单。不过可以肯定的是，如果不肯做出改变，企业就无法继续生存。

决定企业未来发展的关键因素在于，企业到底关注哪个方面。

这个时候，首先应从消费者的角度观察现有业务中存在的矛盾以及消费者的潜在需求。正像本书介绍的诸多案例一样，消费者的不满中潜藏着巨大的商机。

不过，如果某种产品或服务之前从未出现过，那么消费者不可能明确表达出自己的需求，这时就需要企业从自身的角度分析其业务和策略。按照本书提出的"规则颠覆者的四种类型"，企业可以尝试对横轴或纵轴（或者同时对横轴和纵轴）做一些改变。

1.是否为顾客提供了明确的价值？（关注横轴）

2.从现有商业模式出发，可以采用何种盈利模式？（关注纵轴）

还有一种方法是既不改变横轴，也不改变纵轴，而是把视线聚焦于自身的业务流程（价值链）。

另一方面，如果是防守方的企业，那就应该冷静地分析进攻方的战术，采用不同于对手的战术应战。因为如果采用与对方相同的战术，原有企业会面临更大的损失，从而陷入不利的局面。要想向对手发起反攻，就要充分了解对方的战术，选择对方最惧怕的战术进攻。

具体策略多种多样。我们身边就有很多成功案例。

跨行业竞争决非与己无关。现在这个时代，不能把跨行业竞争当成别人的事情，而应多加关注、参与实践，应该试着在实践当中探索出新的发展战略。

另外，即使暂时取得了成功，如果不继续做出改变，那么成功的局面恐怕也不会维持太久。为了不断获得成功，必须不断地审视自身的业务模式。

时代在剧变，机遇在涌现。

只有迈出第一步，谋求变化，企业和个人才能具有无限的可能性。

致　谢

　　本书第1章曾提及拙著《跨行业竞争策略》。2009年，我在写作这本书时，探讨了各种用传统竞争策略理论无法解读的商战现状。

　　该书完成之后不过几年，跨行业竞争愈发激烈。大胆采用新型战术改变行业现状的企业越来越多，本书介绍的案例不过是其中的一小部分。笔者把这些企业称作"规则颠覆者"（game changer），并将其竞争策略具体分类，希望那些正面临着跨行业竞争的人，以及想让自己的事业更上一层楼的人们能够从本书中得到启发。这也正是笔者写作本书的初衷。

　　在案例选择方面，笔者并未拘泥于企业所在地域，挑选了日本国内及国外的众多案例。其实在我们身边，有不少企业采取了很大胆的竞争策略。

　　根据笔者的经验，几乎在所有的情况下，答案已经握在大家的手中，或者说，答案就在大家现在正实际操作的工作之中。我想再次介绍在拙著《跨行业竞争策略》中也曾经介绍过的一句话，是法国文学家马赛尔·普鲁斯特的一句名言：

"真正的发现之旅不是寻找新景观，而是拥有新眼光。"

言归正传，早稻田大学商学部内田研究班的多位校友组织了一个学习会。本书的写作契机就是源于这个学习会。

笔者与参与本书写作的各位同学一起收集了大量案例，并进行了反复探讨。其中，花冈尚志同学提出了"规则颠覆者的四种类型"，为本书的篇章结构提供了极大帮助。从构思阶段到全书完成，整个过程都有大家的参与，笔者感到甚为欣喜。

此外，本书在写作阶段即由内田研究班的学生及校友过目。前期毕业生城出武和同学、高村和久同学以及多名内田研究班当时的学生都提供了各种建议。在此表达感谢。

另外，与《跨行业竞争策略》一样，本书从构思阶段开始一直得到日本经济新闻出版社伊藤公一先生的全方位支持。在此表达感谢。

本书是在大家的支持与建议下完成的，再次感谢大家！

当然，作为本书的编著者，由笔者承担与内容相关的所有责任。

人们常说，日本企业虽然技术超群，但却不擅商战。希望本书能够帮助更多优秀的企业参加到竞争中来。

参考文献

1.石川温『グーグルVSアップル　ケータイ世界大戦』技術評論社、2008年。

2.内田和成『異業種競争戦略』日本経済新聞出版社、2009年。

3.大原ケイ『電子書籍大国アメリカ』アスキーメディアワークス、2010年。

4.尾崎弘之『「俺のイタリアン」を生んだ男』IBCパブリッシング、2014年。

5.経済産業省『昭和58年版中小企業白書』1989年。

6.坂元孝『俺のイタリアン、俺のフレンチ』商業界、2013年。（坂本孝著，陈建军译：《俺的意式餐厅、俺的法式餐厅》，北京：中国书店，2015年。）

7.ジョンソン、マーク『ホワイトスペース戦略』CCCメディアハウス、2011年。

8.ストーン、ブラッド『ジェフ・ベゾス　果てなき野望』（井口耕

二訳）日経BP社、2014年。（布拉德·斯通著，李晶、李静译:《一网打尽：贝佐斯与亚马逊时代》，北京：中信出版社，2014年。）

9.総務省『情報通信白書　平成26年版』2014年。

10.チェスブロウ、ヘンリー『オープン・サービス・イノベーション』（博報堂大学ヒューマンセンタード・オープンイノベーションラボ、TBWA博報堂監修・監訳）阪急コミュニケーションズ、2012年。（亨利·切斯布朗著，蔺雷、张晓思译：《开放式服务创新：新形势下企业生存与发展的再思考》，北京：清华大学出版社，2013年。）

11.内閣府『消費動向調査　平成26年3月実施』2014年。

12.内閣府『男女共同参画白書　平成26年版』2014年。

13.永江朗『菊池君の本屋』アルメディア、2000年。

14.根来龍之『事業創造のロジック』日経BP社、2014年。（根来龙之著，汪婷译：《创新的逻辑：优秀企业的商业模式》，北京：电子工业出版社，2015年。）

15.平野敦士カール、アンドレイ・ハギウ『プラットフォーム戦略』東洋経済新報社、2010年。

16.文部科学省『学校基本調査』1993–2014年。

17.山田英夫『逆転の競争戦略　第3版』生産性出版、2007年。

18.山田英夫『なぜ、あの会社は儲かるのか？ビジネスモデル編』日本経済新聞出版社、2012年。

19.山田英夫、大木裕子「出版業界における規模型中古品事業のビジネスモデル」『早稲田国際経営研究No.41』早稲田大学WBS研究センター、2010年、95-111頁。

20. 山本梁介『1泊4980円のスーパーホテルがなぜ「顧客満足度」日本一になれたのか？』アスコム、2013年。

21. 「アマゾンの電子書籍戦略を聞く」『朝日新聞DIGITAL』2014年12月4日 http://www.asahi.com/articles/ASGD2421VGD2UEHF008.html

22. 「PC・スマホユーザーの必需品！ JINS　PCはこうして生まれた」『ASCII・jp』2012年2月28日 http://ascii.jp/elem/000/000/673/673070/

23. 「出版界の地殻変動を示す5枚のチャート」『E Book2.0 Magazine』2014年3月27日 http://www.ebook2forum.com/members/2014/03/5-valuable-charts-show-the-trends-of-strucrural-change-l/

24. 「SONYはなぜGoProを作れなかったか？」『WEDGE　Infinity』2014年8月1日 http://wedge.ismedia.jp/articles/-/4056

25. 「物流施設　通販の急成長で建設ラッシュが続く」『エコノミスト別冊』2014年2月10日号、56-57頁。

26. 「ヴィレッジヴァンガード　書籍と関連商品の併売ノウハウは編集技術」『月刊ベンチャー・リンク』1997年6月号、6-7頁。

27. 「宿泊特化の業態進化」『月刊ホテル旅館』2013年10月号、39-41頁。

28.「ベンチャー発見伝　ヴィレッジヴァンガード　コーポレーション」『週刊ダイヤモンド』2000年4月15日号、136-137頁。

29.「映像授業の台頭で4メガ時代へ塗り変わった業界の勢力図」『週刊ダイヤモンド』2012年2月25日号、70-73頁。

30.「価格を「見える化」田中実氏（カカクコム社長）」『週刊東洋経済』2013年5月25日号、84-87頁。

31.「特集　新成長ビジネス100」『週刊東洋経済』2013年9月14日号、59-60頁。

32.「急成長カーシェアの死角」『週刊東洋経済』2013年11月9日号、58-59頁。

33.「ヴィレッジヴァンガード全面研究」『商業界』2006年3月号、30-75頁。

34.「小坂裕司　ヴィレヴァン探検」『商業界』2014年3月号、15-23頁。

35.「トップインタビュー　山本梁介氏（スーパーホテル会長）」『消費と生活』2013年7-8月号、48-51頁。

36.「ヴィレッジヴァンガード　『連想ゲーム』的陳列が"ついで買い"を促す」『ストラテジック・マネジャー』2007年4月号、12-14頁。

37.「スルガ銀行　独自モデルで高収益」『ダイヤモンド・オンライン』2013年10月18日 http://diamond.jp/articles/-/43168

38.「5つの『発見力』を開発する法　イノベーターのDNA」『ダイ

ヤモンド・ハーバード・ビジネス・レビュー』2010年4月1日号、36-47頁。

39.「『アクションカメラの英雄』は1億ドルをどう使う？」『東洋経済オンライン』2014年5月21日 http://toyokeizai.net/articles/-/38235

40.「大和ハウスがユニクロと物流の新会社」『日経アーキテクチュア』2013年10月28日号、13頁。

41.「物流施設のサービス競争激化　ネット通販が伸び需要拡大」『日経アーキテクチュア』2014年9月10日号、40-51頁。

42.「どこでもストアお客様のそばへ　魚屋さんはiPadの中」「日経MJ」2013年1月4日1面。

43.「エンタープライズクラウド　本業縮小でクラウドに活路」『日経コンピュータ』2010年9月1日号、38-41頁。

44.「強い中小企業　ヴィレッジヴァンガードコーポレーション」『日経情報ストラテジー』2004年3月号、146-149頁。

45.「トップインタビュー　山本梁介氏（スーパーホテル会長）」『日経情報ストラテジー』2014年4月号、22-26頁。

46.「デジカメの革命児『GoPro』300万台超を売った人気の秘密」『日経テクノロジー・オンライン』2013年2月25日 http://techon.nikkeibp.co.jp/article/NEWS/20130221/267332/?rt=nocnt

47.「街中の写真館の撮影料金　お芸術は高くつくもの？」『日経ビジネス』2002年1月21日号、130-131頁。

48.「どこでもレンタル、車新時代」『日経ビジネス』2013年5月

20日号、22頁。

49.「キティは仕事を選ばない」『日経ビジネス』2013年5月20日号、44–47頁。

50.「流通新勢力　驚きなしでモノは売れない」『日経ビジネス』2013年6月3日号、28–45頁。

51.「編集長インタビュー　西川光一氏（パーク24社長）」『日経ビジネス』2013年7月22日号、76–79頁。

52.「編集長インタビュー　山本梁介氏（スーパーホテル会長）」『日経ビジネス』2013年10月28日号、132–135頁。

53.「ブックオフ社長橋本真由美の「最強の現場の創り方」」『日経ビジネス・オンライン』2006年11月22日～2007年4月18日 http://business.nikkeibp.co.jp/article/manage/20061120/114054/

54.「『サービス業のブランド化　差別化は難しい』はウソか本当か？」『日経ビジネス・オンライン』2008年7月9日 http://business.nikkeibp.co.jp/article/pba/20080619/162788/

55.「スタジオアリス　6月に七五三で最高益」『日経ビジネス・オンライン』2012年6月14日 http://business.nikkeibp.co.jp/article/interview/20120612/233281/

56.「株式公開ニューフェース　木村昌次（スタジオアリス社長）」『日経ベンチャー』2002年8月号、58–59頁。

57.「上場ニューフェース　ヴィレッジヴァンガードコーポレー

ション」『日経ベンチャー』2003年6月号、50–54頁。

58.「努力だけでは行き詰まる　自己否定で活路が開けた」『日経ベンチャー』2008年3月号、15頁。

59.「融資断られ、決意新たに　キャリアの軌跡　高橋ゆき氏（ベアーズ専務取締役）」『日本経済新聞』2009年4月13日夕刊9面。

60.「鴻海も投資　しぼむデジカメ市場の革命児」『日本経済新聞』2013年2月27日電子版http://www.nikkei.com/news/print-article/?R_FLG=0&bf=0&ng=DGXNASFK25033_V20C13A2000000&uah=DF170520127708

61.「カーシェア遠出　値ごろに」『日本経済新聞』2013年12月25日朝刊33面。

62.「編集長インタビュー　山本梁介氏（スーパーホテル会長）」『バリュー・クリエーター』2011年9月号、8–15頁。

63.「Amazon　Kindle/Fireの新製品体験会を開催」『PC　Watch』2014年10月29日

http://pc.watch.impress.co.jp/docs/news/20141029_673692.html

64.「坂本孝社長が振り返る！俺のフレンチ誕生の軌跡」『プレジデント』2013年4月1日号、24–33頁。

65.「SONYはなぜiPodもGoProも創れなかったのか？」『BLOGOS』2014年6月18日

http://blogos.com/article/88651/

66.「インタビュー　高橋ゆき氏（ベーアズ専務）」『ママリブ』
http://mamalive.com/interview/029.html

67.「経済フォーカス・開拓者たち」『読売新聞』2014年1月11日
夕刊5面、1月25日夕刊5面。

出版后记

市场在竞争中变幻莫测。

在我们身边，每天都有企业闪亮登场，也每天都有企业前途黯淡。有的行业已经完全销声匿迹，有的行业则融合到了别的行业里。

谁能保证自己现在正在努力的事业将来仍会安然无恙呢？

如今，销售渠道、成本结构、技术优势及品牌形象都截然不同的企业互相争夺用户和市场的跨行业竞争已经成为常态。刚刚上场的企业跃跃欲试，希望能够旗开得胜，开辟出属于自己的一片新天地；已经一路打拼过来的原有企业也不敢懈怠，既要固守基业，还要伺机反攻，争取更上一层楼。

在如此残酷的竞争当中，如果仍旧墨守成规，被常识和惯例束缚住手脚，那么无疑会惨遭淘汰。当今的时代需要敢于打破规则、不按常理出牌的企业，也就是规则颠覆者。

本书从价值链和产业链的视角出发，根据是否创造了新的产品或服务、是否创造了新的盈利模式，将规则颠覆者分为"秩序破坏型""市场创造型""业务创造型""流程改革型"四种类型。

在这个过程当中，本书没有罗列任何关于市场营销或者竞争策略的艰深理论，而是结合正反两个方面的大量案例，对上述四种类型逐一加以分析和说明。因此，即使是不具备相关专业知识的读者，也能够清晰透彻地理解各种类型的规则颠覆者具体采用了哪些竞争策略，取得了哪些业绩和成果。

特别值得一提的是，本书最后一章还专门为受到竞争威胁的原有企业介绍了针对不同类型规则颠覆者的防守策略。原有企业同样也可以通过利用规则颠覆者的四种策略，避免与对手正面交锋，在发挥已有优势的基础上，采取有力措施去赢得竞争。

总之，本书旨在为所有希望在竞争中改变平台、对手和规则的企业提供线索，相信无论是进攻一方的新手企业还是防守一方的原有企业，都能够从中得到启示，构建起行之有效的竞争策略。

服务热线：133-6631-2326 188-1142-1266

读者信箱：reader@hinabook.com

后浪出版公司

2016年10月

早稻田大学商学院内田研究班的以下同学共同参与了本书写作过程。

岩井琢磨：早稻田大学商学院MBA。现就职于株式会社大广。

冈井　敏：早稻田大学商学院MBA。现就职于株式会社RECRUIT CAREER CONSULTING。

冈田惠实：早稻田大学商学院MBA。现就职于独立行政法人中小企业基础设施整备机构。

糟谷圭一：早稻田大学商学院MBA。现就职于日挥株式会社。

剑持伊都：早稻田大学商学院MBA。现就职于JM ENERGY株式会社。

志贺祐介：早稻田大学商学院MBA。现就职于株式会社HOUSETEC。

花冈尚志：早稻田大学商学院MBA。现就职于精密仪器生产厂家。

牧口松二：早稻田大学商学院MBA。现就职于株式会社博报堂。

增田明子：早稻田大学研究生院商学研究科博士在读。千叶商科大学副教授。

簗濑裕子：早稻田大学商学院MBA。现就职于株式会社纪伊国屋书店。

图书在版编目（CIP）数据

规则颠覆者：如何赢得用户，占领市场 /（日）内田和成编著；宋晓煜译.
—— 南昌：江西人民出版社，2017.3

ISBN 978-7-210-07565-3

Ⅰ.①规… Ⅱ.①内… ②宋… Ⅲ.①企业竞争—研究 Ⅳ.①F271.3

中国版本图书馆CIP数据核字(2017)第003993号

GAME CHANGER NO KYOUSOU SENRYAKU by KAZUNARI UCHIDA
Copyright © KAZUNARI UCHIDA 2015
All rights reserved.
Original Japanese edition published by NIKKEI PUBLISHING INC., Tokyo.
Chinese (in simple character only) translation rights arranged with
NIKKEI PUBLISHING INC., Japan through Bardon-Chinese Media Agency, Taipei.

版权登记号：14-2016-0427

规则颠覆者：如何赢得用户，占领市场

编著者：[日]内田和成
译者：宋晓煜
责任编辑：冯雪松
出版发行：江西人民出版社　印刷：北京中科印刷有限公司
889毫米×1194毫米　1/32　6印张　字数126千字
2017年3月第1版　2017年3月第1次印刷
ISBN 978-7-210-07565-3
定价：38.00元
赣版权登字 -01-2016-944